PREMIER SUPPLÉMENT

AU

CATALOGUE GÉNÉRAL

DE LA

BIBLIOTHÈQUE

DE LA VILLE D'ANNONAY,

CONTENANT LES LIVRES REÇUS EN 1848, 1849 ET 1850,

MIS EN ORDRE

PAR LE D' ALLÉON,

Conservateur de cette Bibliothèque

Et Membre du Conseil général de l'Ardèche.

ANNONAY,

IMPRIMERIE DE PRODHON, RUE DE DEUME.

1851.

Le Comité de la Société de Lecture d'Annonay, publie ce supplément au Catalogue général de la Bibliothèque de la ville, tel qu'il a été laissé par le docteur ALLÉON, qui le terminait, lorsqu'il a été atteint de la cruelle maladie qui l'a enlevé au milieu d'une utile et honorable carrière.

Le Comité, adresse des remerciements aux personnes qui ont fait des dons à la Bibliothèque; entr'autres, à M. le comte de *Challaye*, pour plusieurs ouvrages sortis des presses de M. Firmin Didot; à M. *Ackerman*, pour son ouvrage sur l'Analyse physique des langues; à M. *Ovide de Valgorge*, un des plus aimables de nos Touristes pour plusieurs de ses œuvres littéraires; à M. *Ch. Nicod*, pour les études sur les questions d'économie publique, etc.

Il rappelle aux Lecteurs de la Bibliothèque de la ville, qu'il reçoit avec reconnaissance l'indication donnée par écrit et signée des bons livres manquant à cette Bibliothèque, et qu'il se procure, autant que possible, les ouvrages désirés par les Membres de la Société.

HISTOIRE.

p. 1. (1)

III. GÉOGRAPHIE. *p.* 4.

1° Traités généraux et particuliers. *p.* 4.

Dictionnaire Géographique, Historique, Industriel et Commercial de toutes les Communes de la France et de plus de 20,000 Hameaux en dépendant, par *Girault de St-Fargeau*; 3 vol. in-4. Paris, 1844.

Dictionnaire des Villes et Communes de France, contenant par ordre alphabétique, l'indication du département et de l'arrondissement ou chaque ville ou commune est située, par M. *F. G.*, employé supérieur au ministère de l'intérieur; 1 vol. grand in-8. Paris, rue de la Harpe, 81.

Pausanias. Præfactio Ludovici dindorfii; 1 vol. grand in-8. Parisiis, 1845.

2° Cartes et Atlas. *p.* 7.

Carte Topographique, Minéralogique de la France

réduite de celle de Cassini, par *Alexis Donnet*, ingénieur; 1 vol. in-fol. Paris, 1840.

Atlas Universel, Historique et Géographique, par *Houzé*; 1 vol. in-4.

3° Statistique.   *p.* 8.

Eléments de statistique, comprenant les principes généraux de cette science, et un aperçu historique de ses progrès, par *Moreau de Jonnès*; 1 vol. in-8. Paris, 1847.

Annuaire pour l'an 1846, présenté au Roi, par le Bureau des Longitudes. Augmenté de notices scientifiques, par *Arago*; 1 vol. in-12. Paris, 1845.

Annuaire pour l'an 1847, présenté au Roi, par le Bureau des Longitudes; 1 vol. in-12. Paris, 1846.

Patria. La France ancienne et moderne, morale et matérielle, ou collection encyclopédique et statistique de tous les faits relatifs à l'Histoire physique et intellectuelle de la France et de ses Colonies; par *Aicard*, etc.; 2 vol. in-8. Paris, 1847.

4° Voyages.   *p.* 9.

B. VOYAGES EN ASIE ET ORIENT.   *p.* 11.

Journal d'un voyage au Levant, par l'auteur du Mariage au Point de Vue Chrétien; 3 vol. in-8. Paris, 1848.

D. VOYAGES DANS LES AMÉRIQUES.   *p.* 14.

Voyages dans les deux Océans Atlantique et Pacifi-

que, 1844 à 1847, par *Eugène Delessert;* 1 vol.
in-4. Paris, 1848.

Attoria. Voyages au-delà des Montagnes rocheuses,
par *Wasingthon Irwing*, traduit de l'anglais par
P. N. Grolier, deuxième édition; 2 vol. in-8.
Paris, 1843.

Voyage au Pole Sud et dans l'Océanie, sur les cor-
vettes l'*Astrolabe* et la *Zélée*, exécuté par ordre
du Roi, pendant les années 1837, 1839, 1848,
sous le commandement de M. J. Dumont d'Ur-
ville, capitaine de vaisseau. (Botanique.) Vol.
in-8. Paris, 1845.

E. VOYAGES EN EUROPE.   *p.* 15.

Paris (de) à Cadix, par *Alexandre Dumas;* 5 vol.
in-8. Paris, 1848.

Chartreuse (la grande), fantaisie de Touriste, par
Ovide de Valgorge; 1 vol. in-8. Paris, 1848.

VOYAGES DANS L'OCÉANIE.   *p.* 15.

Promenade dans une partie de la Savoie et sur les
bords du Léman, pendant l'été de l'année 1839,
par *Ovide de Valgorge;* 1 vol. grand in-8. Paris,
1837.

Souvenirs de l'Ardèche, par *Ovide de Valgorge*,
avocat; 2 vol. grand in-8. Paris, 1846.

Voyage en Scandinavie, en Laponie, au Spitzberg
et au Ferroë, pendant les années 1838, 1839 et
1840, sur la corvette la *Recherche*, commandée

par *M. Fabvre*, lieutenant de vaisseau, sous la
direction de *M. Paul Gaimard;* 7 vol. in-8. Paris.

IV. ARCHÉOLOGIE. *p.* 21.

Essai historique sur l'abbaye de Solesmes, suivi de
la description de l'église Abbatiale avec l'expli-
cation des Monuments qu'elle renferme; 1 vol.
in-8. Le Mans.

Familiœ romanœ in antiquis numismatibus ab
urbe condita ad tempore divi Augusti ex biblio-
theca fulvii ursini cum adjunctis Antonii Augus-
tini, episc. ilerdensis *Carolus Patin;* 1 vol. in-fol.
1763, Parisiis.

Herculanum et Pompei. Recueil général des pein-
tures bronzes, Mosaïques, etc., découverts jusqu'à
ce jour, et reproduits d'après, par *H. Roux,
aîné;* 8 vol. grand in-8. Paris.

Leçons élémentaires de Numismatique romaine,
puisées dans l'examen d'une collection particu-
lière; 1 vol. in-8. Paris, 1823.

Origines de l'Eglise romaine, par les membres de la
communauté de Solesmes; 1 vol. in-4. Paris, 1836.

Rareté (de la) et du prix des médailles romaines,
ou Recueil contenant les types rares et inédits des
médailles d'or, d'argent et de bronze, frappées
pendant la durée de la République et de l'Empire
romain, par *T. E. Mionnet;* troisième édition,
2 vol. in-8. Paris, 1847.

Romanæ Magnitudinis monumenta restituta et

aucta cura, sumptibus ac typis dominici de Rubeis, Jacobi hæredis ad Templum Sacræ Mariæ de Pace. 1 vol. in-4. Romæ, anno MDCXCIX.

Thermes (les) des Romains, d'*André Palladio*, d'après l'édition de Londres, faite en 1738, par le comte de *Burlington*, sur les dessins originaux de l'auteur ; 1 vol. in-fol. Paris, 1838.

V. HISTOIRE RELIGIEUSE.   *p*. 25.

1° Peuple Juif.   *p*. 25.

Flavii Josephi opera græce et latine ; 1 vol. grand in-8. Parisiis, 1845.

Histoire de la domination romaine en Judée et de la ruine de Jérusalem, par *J. Salvador;* 2 vol. in-8. Paris, 1847.

6° Ordres Religieux.   *p*. 34.

Jésuites (les), depuis leur origine jusqu'à nos jours, histoire, types, mœurs, mystères, par *M. A. Arnould;* édition illustrée, 1 vol. grand in-8. Paris, 1846.

VI. II. LITTÉRAIRE ET SCIENTIFIQUE. *p*. 39.

1° Générale.   *p*. 39.

Histoire littéraire de la France, où l'on traite de l'origine et du progrès, de la décadence et du rétablissement des sciences parmi les Gaulois et parmi les Français; par des religieux Bénédictins

de la Congrégation de Saint Maur; 12 vol. in-4.
Paris, 1733.

Bibliothèque latine-française, traduction nouvelle des
auteurs latins, deuxième série *(Sextus Aurelius
Victor)*, par *M. N. A. Dubois*, édition *Panckouke*; 1 vol. in-8. Paris, 1846.

Mémoires de David, peintre et député à la Convention, par *M. Miette de Villars*; 1 vol. in-8. Paris,
1850.

3° Vie des Littérateurs, Savants et Artistes.

Galerie des Contemporains illustres, par un homme
de rien; 10 vol. in-8. Paris, rue de Seine, 32.

Ballanche; par *J.-J. Ampère*, de l'Académie française; 1 vol. in-8. Paris, 1848.

VII. HISTOIRE UNIVERSELLE.   *p.* 49.

Mémoires de Benvenuto Cellini, orfèvre et sculp-
teur Florentin, écrits par lui-même, et traduits
par *Léopold Leclanché*; 1 vol. in-8. Paris, quai
Voltaire, 3.

1° Générale, Civile et Politique.   *p.* 49.

Études sur les premiers temps du Christianisme et
sur le Moyen-Age, par *M. Philareste Chasles*,
professeur au Collége de France; 1 vol. in-12.
Paris, 1847.

Histoire de la destruction du Paganisme en Occident,

ouvrage couronné par l'Académie Royale des inscriptions et belles-lettres, en l'année 1832, par *A. Beugnot*, de l'Institut de France; 2 vol. in-8. Paris, 1835.

Tableaux de la Civilisation ancienne et moderne, par le baron de *Comeau*; 1 vol. in-fol. Moulins, 1847.

2° D'une Epoque d'un Evénement. *p.* 52.

Bibliothèque des Croisades, par *M. Michaud*, de l'Académie française; 5 vol. in-8. Paris, 1829.

3° Vie des Hommes célèbres. *p.* 54.

Plutarchi vitæ secundum codices parisinos recognovit *Théod. Doehner*, græce et latine; 1 vol. grand in-8. Parisiis, 1846.

Vie de Franklin, à l'usage de tout le monde, par *M. Mignet*; 2 vol. in-18. (Première et seconde partie). Paris, 1848.

5° Dictionnaires.—Journaux.—Recueils. *p.* 57.

Histoire des Journaux et des Journalistes de la Révolution française 1789 à 1796, précédée d'une introduction générale, par *Léonard Gallois*; 2 vol. in-8. Paris, 1845.

Conseiller (le) du Peuple, journal, par *M. A. de Lamartine*; in-8. Paris, paraît par livraisons.

Courrier (le) de Provence, pour servir de suite aux lettres du comte de Mirabeau à ses commettants; 13 vol. in-8.

Décade (la) Philosophique, Littéraire et Politique, commençant à la date du 10 thermidor an 3 (1795) jusqu'en 1807; 49 vol. in-8.

Mercure (le) de France, commençant par les trois derniers mois de 1807, faisant suite à la Décade et se terminant en 1817; 44 vol. in-8.

Mercure (le) du XIXᵉ siècle, collection commençant en avril 1823 et se terminant au mois de février 1830, rédigé par *MM. Benjamin Constant, Dufresne. de Léon, Ménard, Jay, Jouy, Lacretelle aîné;* 28 vol. in-8.

Mercure (le) Britannique, par *Mallet-Dupan;* 2 vol. in-8.

Minerve (la) française, comprenant les années 1818, 1819 et jusqu'en mars 1820; 9 vol. in-8.

VIII. HIST. DE L'ASIE.   *p.* 59.

Inde (l') sous la domination anglaise, par le baron *Barchou de Penhoën;* 2 vol. in-8. Paris, 1844.

Tableaux historiques de l'Asie, depuis la Monarchie de Cyrus jusqu'à nos jours, accompagnés de Recherches Historiques et Ethnographiques sur cette partie du monde, par *J. Klaproth;* 1 vol. in-4. avec Atlas in-fol.

X. GRÈCE, MORÉE ET ARCHIPEL. *p.* 62.

Iconographie grecque, par le chevalier *E. Q. Visconti,* membre de l'Institut de France; 1 vol. in-fol. Paris, 1808. (Planches.)

Iconographie grecque, ou Recueil des portraits authentiques des Empereurs, Rois et Hommes illustres de l'antiquité, par *E. Q. Visconti*, chevalier de l'Empire, membre de l'Institut de France; 3 vol. in-4. Paris, 1811.

XI. HISTOIRE GÉNÉRALE D'ITALIE. *p.* 63.

Mémoires du général *Pépé*, sur les principaux événements politiques et militaires de l'Italie moderne; 3 vol. in-8. Paris, 1847.

Révolutions (les) d'Italie, par *E. Quinet*; 1 vol. in-8. Paris, 1848.

XII. HISTOIRE ROMAINE. *p.* 64.

Histoire romaine République, par *M. Michelet*; troisième édition, 2 vol. in-8. Paris, 1843.

Iconographie romaine, ou Recueil des portraits authentiques des Empereurs, Rois et Hommes illustres de l'antiquité, par le chevalier *A. Mongez*, membre de l'Institut royal de France; 3 vol. in-4. 1826.

Rome, ses novateurs, ses conservateurs et la monarchie d'Octave-Auguste. Etudes historiques sur Lucrèce, Catule, Virgile, Horace, par M. *Jules Legris*; 2 vol. in-8. Paris, 1846.

XX. HISTOIRE DE FRANCE. *p.* 70.

1° Histoire Générale. *p.* 70.

Histoire de France, par M. *de Genoude*; 15 vol. in-8. Paris, 1844.

Histoire de France, par M. *de Genoude* (Révolution française); deuxième série. 2 vol. in-8. Paris, 1845.

Histoire de France, depuis les temps les plus reculés jusqu'en 1789, par M. *Henry Martin*; 16 vol. in-8. Paris, 1844.

Chronologie de l'Atlas Historique de la France, par *V. Duruy*; 1 vol. in-8. avec Atlas in-4. Paris, 1849.

2° **Histoire particulière.** *p.* 73.

Atlas des nouvelles recherches historiques sur la principauté française de Morée et de ses hautes baronies, par *J. A. Buchon*; 1 vol. in-4. Paris. (Ouvrage à double exemplaire).

Etudes sur le XVIe siècle en France, précédées d'une Histoire de la Littérature et de la Langue française de 1470 à 1610, par M. *Philarète Chasles*, professeur au collége de France; 1 vol. in-8. Paris, *Amyot*, rue de la Paix.

Histoire morale de la Gaule, depuis les temps les plus reculés jusqu'à la chute de l'Empire romain, par *Louis Auguste Martin;* 1 vol. in-8. Paris, 1848.

Histoire des guerres civiles de France, depuis les temps Mérovingiens jusqu'à nos jours, par MM. *Laponneraye* et *Lucas*; 1 vol. in-8. Paris, 1847.

Histoire de Madame de Maintenon et des principaux événements du règne de Louis XIV, par M. le duc *de Noailles;* 2 vol. grand in-8. Paris, 1848.

Histoire de la révolution de France, par M. le vicomte *Félix de Conny*; 8 vol. in-8. Paris, 1834.

Histoire de la Révolution française, par M. *Louis Blanc*; 1 vol. in-8. Paris, 1847.

Histoire de la Révolution française, par *J. Michelet*; 3 vol. in-8. Paris, 1847.

Précis de l'Histoire de la Révolution et de l'Empire, France et Europe, 1789 à 1814, par *Camille Rousset* ; 1 vol. in-8. Première partie. Paris, 1849.

Histoire des Girondins, par M. *A. de Lamartine*; 8 vol. in-8. Paris, 1847.

Histoire du Consulat et de l'Empire, par M. *Ch. de Lacretelle*, de l'Académie française; vol. in-8. Paris, 1846.

Galerie historique de la Révolution française, 1787 à 1799, par *Albert Maurin*; 3 vol. in-4. Paris, rue St-Marc.

Histoire de la Révolution française de 1848, par *Charles Robin*; 2 vol. in-8. Paris.

Journées de la Révolution de 1848, par un Garde national; 1 vol. in-8. Paris.

Révolution (la) du 24 février, par M. *Dunoyer*, conseiller d'Etat, membre de l'Institut; 1 vol. in-8. Paris, 1849.

Histoire de la Révolution de 1848, par *A. de Lamartine*; 2 vol. in-8. Paris, 1849.

Histoire de la Révolution de 1848, par *A. de Lamartine*; 2 vol. in-8. Paris, 1849.

Mois (trois) au Pouvoir, par M. *de Lamartine*;
1 vol. in-8. Paris, 1848.

Confidences (les), par *A. de Lamartine*; 1 vol. in-8.
Paris, 1849.

Raphaël pages de la vingtième année, par *A. de
Lamartine*; 1 vol. in-8. Paris, 1849.

Gouvernement (le) provisoire et l'Hôtel-de-Ville,
dévoilés par M. *de la Varenne*; 1 vol. in-8. Paris,
1850.

Appel aux Honnêtes Gens. Quelques pages d'Histoire Contemporaine, par *Louis Blanc*, représentant du peuple; 1 vol. in-12. Paris, 1849.

Conspirateurs (les), par *A. Chenu*, ex-capitaine des
gardes du citoyen Caussidière. Les sociétés Secrètes. La Préfecture de police sous Caussidière.
Les Corps-Francs. Un vol. in-12. Paris, 1850.

Confessions (les) d'un Révolutionnaire pour servir à
l'Histoire de la Révolution de Février, par *P. J.
Proudhon*; 1 vol. in-12. Paris, 1850.

Mémoires de *Caussidière*, ex-préfet de police et
représentant du peuple; 2 vol. in-8. Paris,
1849.

République (la) dans les Carosses du Roi, Triomphe
sans combat, Curée de la liste civile et du do-
maine privé; scènes de la Révolution de 1848,
par *Louis Tirel.*

Réponse aux deux Libelles : Les Conspirateurs et la Naissance de la République, de *Chenu et de Lahodde*, par le citoyen *Jules Miot*, représentant du peuple; deuxième édition, 1 vol. in-8. 1850.

Rapport de la commission d'enquête sur l'insurrection qui a éclaté dans la journée du 23 juin et sur les événements du 15 mai 1848; 3 vol. in-4. Paris, 1848.

Histoire militaire de la France, par *P. Giguet*, ancien élève de l'école Polytechnique; 2 vol. in-8. Paris, 1849.

Guerres maritimes sous la République et l'Empire, par le capitaine de corvette *E. Jurien de la Gravière*; 2 vol. in-12. Paris, 1847.

Campagnes mémorables des Français en Egypte, en Italie, en Hollande, en Allemagne, en Prusse, en Pologne, en Espagne, en Russie, en Saxe, etc., par *F. Boullion-Petit*; 2 vol. in-fol. Paris, 1817.

Derniers (les) jours de la grande armée, ou souvenirs, documents et correspondance inédite de Napeléon en 1814 et 1815, par le capitaine *Hippolyte de Mauduit*; 2 vol. in-8. Paris, 1848.

Histoire des conquétes des Français en Algérie, suivi d'un précis historique sur l'Empire du Maroc, par MM. *C. Leynadier et G. Clauzel*; 2 vol. in-8. Paris, 1846.

3º **Histoire des Provinces, Villes et Monuments.** *p.* 85.

Histoire de l'administration de la police de Paris,

depuis Philippe Auguste jusqu'aux Etats généraux de 1789, ou tableau moral et politique de
la ville de Paris durant cette période, par M.
Frégier; 2 vol. in-8. Paris, 1850.

5° Mémoires.   *p.* 92·

Abrégé des Mémoires ou Journal du marquis *de
Dangeau*, extrait du manuscrit original, par
Mᵐᵉ *de Genlis*; 4 vol. in-8. Paris, 1817.

Mémoires d'Outre-Tombe, par M. le vicomte *de
Chateaubriand*; 12 vol. in-8. Paris, 1849.

6° Histoire de la Civilisation.   *p.* 121.

Histoire de la Civilisation et de l'Opinion publique
en France, en Angleterre et dans d'autres parties
du monde, par *William-Alexander Mackinnon*,
traduit de l'anglais sur la deuxième édition; 2 vol.
in-8. Paris, 1848.

7° Mélanges.   *p.* 121.

Histoire des mœurs et de la vie privée des Français,
usages, coutumes, institutions, physionomie de
chaque époque, depuis l'origine de la monarchie jusqu'à nos jours. Ouvrage complétant toutes
les Histoires de France, par *E. de la Bédollière*;
2 vol. in-8. Paris, 1847.

Galeries historiques de Versailles, 4 vol. in-4.

Réponse de M. *Libri* au rapport de M. *Boucly*;
1 vol. in-8. Paris, 1848.

XXII. HISTOIRE SUISSE. *p.* 126.

Histoire du Sonderbund, par *J. Crétineau Joly* ;
2 vol. in-8. Paris, 1850.

XXIV. ANGLETERRE. *p.* 127.

Histoire de la révolution d'Angleterre, depuis l'avé-
nement de Charles Ier jusqu'à sa mort, par M.
Guizot ; quatrième édition, 2 vol. in-8. Paris,
1850.

XXV. ALLEMAGNE. *p.* 129.

Histoire de la Guerre de 30 ans, par *Schiller*, traduite par la baronne *de Carlowitz* ; 1 vol. in-12.
Paris, 1844.

LITTÉRATURE.

p. 139.

I. ELOQUENCE. *p*. 139.

Demosthenis opera recensuit græce et latine, cum fragmentis nunc primum collectis et indicibus auctis edidit *D. Johannes Theodorus Voemelius*; 1 vol. grand in-8. Parisiis, 1845.

Isocratis orationes et Epistolæ recognovit *J. G. Baiter*, professor turicensis græce et latine ; 1 vol. grand in-8. Parisiis, 1846.

II. POÉSIE. *p*. 142.

1° Poètes Grecs. *p*. 142.

Illiade (l') d'*Homère*, traduite en français, par *Dugas Montbel*; 3 vol. in-8. Paris, 1828.

Idylles (les) de *Théocrite*, suivies de ses inscriptions, traduites en vers français, par *Firmin Didot*, député d'Eure-et-Loir; 1 vol. in-8. Paris, 1833.

Theocritus, Bion, Moschus, recognovit et præfactione critica instrux et C. Fr. Ameis, Nicander, Oppianus, Marcellus sideta de piscibus, poeta de herbis recognovit; 1 vol. grand in-8. Parisiis, 1846.

2° Poètes Latins. *p.* 143.

Bibliothèque latine-française, traduction nouvelle des auteurs latins, deuxième série, (Poésies de Priscien), par *E. F. Corpet*, édition *Panckouke*; 1 vol. in-8. Paris, 1845.

Hieronymi fracastorii syphilis sive morbus Gallicus, 1 vol. in-8. Veronæ, MDXXX, mense Augusto.

3° Poètes Italiens. *p.* 147.

Divine (la) comédie, *Dante alighieri* (le Purgatoire), deuxième cantique illustré par *John Flaxman*, traduction complète, accompagnée de notes historiques, par l'auteur des divines fééries; 1 vol. grand in-8. Paris, 1845.

Cantici di Tirteo, tradotti ed illustrati da *Luigi Lamberti*; 1 vol. in-8. Parigi ed Argentina, 1801. (Chant de Tirtée.)

5° Poésie et Littérature Allemande. *p.* 149.

OEuvres dramatiques de *Schiller*, traduction de M. de *Barante*; 6 vol. in-8. Paris, 1844.

8° Poètes Français. *p.* 150.

POÈMES. — ÉLÉGIES. — LYRIQUES. — SATYRIQUES. — PIÈCES
FUGITIVES. *p.* 150.

Chevalier (le) chrétien ou les Chastes amours de Ponce, de Meyrueis et de Rose de Roquedol, légende du XII° siècle, en douze chants, par *F. Monyer*; 1 vol. in-8. Paris, 1846.

Délateurs (les) ou trois années du XIX° siècle, par M. *Emmanuel Dupaty*; 1 vol. in-8. Paris, 1819.

Poésies de *Malherbe*; 1 vol. in-8. Paris, 1845.

Poètes (les) du peuple au XIXe siècle, par *Alphonse Viollet*; 1 vol. in-12. Paris, 1846.

III. THÉATRE FRANÇAIS. *p.* 156.

Agnès de Méranie, tragédie en cinq actes et en vers, par *F. Ponsard*, deuxième édition; 1 vol. in-8. Paris, 1848.

Charlotte Corday, tragédie en cinq actes et en vers, par *F. Ponsard*, deuxième édition; 1 vol. in-8. Paris, 1850.

Poésies de *Firmin Didot*; 1 vol. in-8.

Toussaint l'Ouverture, poème dramatique, par *A. de Lamartine*; 1 vol. in-8. Paris, 1850.

VII. ROMANS.

Par Ordre Alphabétique. *p.* 166.

Abbaye (l') de Peyssac, par *Alexandre Dumas*; 2 vol. in-8. Paris, 1846.

Alice ou les Mystères, suite de Ernest Maltravers, par *E. L. Bulwer*, traduit par mademoiselle *A. Sobry*; 4 vol. in-12. Paris, 1838.

Aliénor, prieure de Lok-Maria. (Epoque de la Ligue, 1594), règne de Henri IV, par *Pitre Chevalier*; 2 vol. in-8. deuxième édition. Paris, 1842.

André, la Marquise, Lavinia, Metella, Mattea, par *G. Sand*; 1 vol. in-8. Paris, 1844.

Anglais et Chinois, par *Mery*; 1 vol. in-8. Paris, 1843.

Angleterre (la jeune), par *B. d'Israeli*, traduit de l'anglais, par mademoiselle *A. Sobry*; 2 vol. in-8. Paris, 1846.

Argant (M.) et ses compagnons d'aventures, Histoire périlleuse, par *Juste Olivier;* 1 vol. in-8. Paris, 1850.

Ascanio, par *Alexandre Dumas*; 5 vol. in-8. Paris, 1844.

Bâtard (le) de Mauléon, par *Alexandre Dumas*; 9 vol. in-8. Paris, 1846.

Cadet (le) de Colobrières, par Mme *Ch. Reybaud;* 2 vol. in-8. Paris, 1848.

Catherine, par *Jules Sandeau*; 2 vol. in-8. Paris, 1846.

Charles Mandel, par Mme *Mélanie Waldor*; 2 vol. in-8. Paris, 1846.

Colère (la) Tison d'enfer, par *Eugène Sue;* 2 vol. in-8.

Comte (le) de Monte-Christo, par *Alexandre Dumas*; 12 vol. in-8. Paris, 1846. Deuxième édition.

Contes de la famille, par les frères *Grimm*, traduit de l'allemand, par *Martin* et *Pitre-Chevalier*; 1 vol. in-12. Paris, rue de Tournon, 6.

Contes (les) de Noël, par *Ch. Dickens;* traduit de

l'anglais, par Mme *Belloc*; 1 vol. in-12. Paris, 1847.

Conte (le) du Tonneau, contenant tout ce que les arts et les sciences ont de plus sublime et de plus mystérieux, avec plusieurs autres pièces très-curieuses, par le fameux docteur *Swift*, traduit de l'anglais; 3 vol. in-12. La Haye, 1757.

Dame (la) de Monsoreau, par *Alexandre Dumas*; 3 vol. in-12. Paris, 1849.

Dernier (le) des Barons, par *E. L. Bulwer*, traduit de l'anglais, par mademoiselle *A. Sobry*; 4 vol. in-8. Paris, 1844.

Derrière le grand mât, par *Edouard Pujol*; 3 vol. in-8. Paris, 1846.

Envie (l') Frédéric Bastien, par *Eugène Sue*, 4 vol. in-8.

Etoile (l') Polaire, par le vicomte *d'Arlincourt*, deuxième édition; 2 vol. in-8. Paris, 1843.

Fakland, par *E. L. Bulwer*, traduit de l'anglais, par *E..... N...*; 2 vol. in-12. Paris, 1833.

Famille (la) Allain, par *Alphonse Karr*; 3 vol. in-8. Paris, 1848.

Fernand, par *Jules Sandeau*; 1 vol. in-8. Paris, 1844.

Fils (le) du Diable, par *Paul Féval*; 14 vol. in-8. Paris, 1846.

Gentilhomme (le) Campagnard, par *Charles de Bernard*; 6 vol. in-8. Paris, 1847.

Gorgonne (la), par *G. de Landelle*; 6 vol. in-8.
Paris, 1847.

Guerre (la) du Nizam, par *Méry*; 3 vol. in-8. Paris,
1847.

Guerre (la) des Paysans, par *Alexandre Weill;*
1 vol. in-12. Paris, 1847.

Homme (l') aux Trois Culottes, ou la République,
l'Empire et la Restauration, par *Ch. Paul de
Kock*, nouvelle édition; 1 vol. in-8. Paris, 1845.

Isidora, par *Georges Sand*; 3 vol. in-8. Paris, 1846.

Jeanne, par *Georges Sand*; 3 vol. in-8. Paris, 1845.

Jérôme Paturot, à la recherche de la meilleure des
Républiques, par *Louis Reybaud*; 1 vol. in-4.
Paris, 1849.

Lions (les) de Mer, par *Cooper*; 1 vol. in-8. Paris,
1850.

Lucrétia, ou les Enfants de la Nuit, par *Bulwer*;
2 vol. in-8. Paris, 1848.

Luxure (la) et la Paresse, par *Eugène Sue*, (le cou-
sin Michel et Madeleine); 4 vol. in-8. Paris, 1849.

Marchand (le) d'Antiquités, par *Ch. Dickens*; 2 vol.
in-8. Paris, 1842.

Mare (la) au Diable, par *Georges Sand*; 2 vol. in-8.
Paris, 1846.

Martin, l'Enfant Trouvé, ou les Mémoires d'un

Valet de Chambre, par *Eugène Sue*; 12 vol. in-8. Paris, 1846.

Meunier (le) d'Angibault, par *Georges Sand*, deuxième édition; 3 vol. in-8. Paris, 1846.

Michel-Ange et Raphaël, par *Alexandre Dumas*; 2 vol. in-8. Paris, 1846.

Ministre (le) de Wakefield, traduction nouvelle, précédée d'un essai sur la vie et les écrits d'*Olivier Goldsmisth*, par M. *Hennequin*; 1 vol. in-8. Paris, 1825.

Nanon de Lartigues, par *Alexandre Dumas*; 2 vol. in-8. Paris, 1845.

Nations (les deux) (Sybil), par *B. Disraëli*, traduit de l'anglais sur la troisième édition; 2 vol. in-8. Paris, 1847.

Nouvelles allemandes, traduites par *H. Marmier*; 1 vol. in-8. Paris, 1847.

Nuits (les) du père Lachaise, par *Léon Gozlan*, troisième édition; 3 vol. in-8. Paris, 1848.

Orgueil (l'), la Duchesse, par *Eugène Sue*; 6 vol. in-8. 1848.

Parents (les) Pauvres, par *H. de Balzac*; 12 vol. in-8. Paris, 1847.

Péché (le) de monsieur Antoine, par *Georges Sand*; 6 vol. in-8. Paris, 1846.

Philosophe (un) sous les toits, journal d'un homme

heureux, publié par M. *Emile Souvestre*, deuxième édition; 1 vol. in-8. Paris, 1851.

Porte (le) Chaîne, par *Fénimore Cooper*, traduit de l'anglais par *C. A. Defaucompret*; 2 vol. in-8. Paris, 1847.

Ravensnest, par *Fénimore Cooper*, suite de la traduction de *Defaucompret;* 2 vol. in-8. Paris, 1848.

Reine (la) Margot, par *Alexandre Dumas*; 6 vol. in-8. Paris, 1847.

Religieuse (la) de Monza, épisode du XVII° siècle, faisant suite aux Fiancés de Manzoni, et traduit de l'italien sur la huitième édition, par *Jean Cohen*; 5 vol. in-12. Paris, 1830.

Rienzi le dernier des tribuns, traduit de l'anglais de M. *E. L. Bulwer*, par mademoiselle *Sobry*; 4 vol. in-12. Paris, 1836.

Satanstoé ou la famille Littlepage, par *Fénimore Cooper*; 2 vol. in-8. Paris, rue Coquillière, 34.

Sept Péchés Capitaux (les), par *Eugène Sue*; 16 vol. in-8. Paris, 1848.

Simon l'Escoque, par *Georges Sand*, nouvelle édition; 1 vol. in-12. 1848.

Teverino, par *Georges Sand*; 2 vol. in-8. Paris, 1846.

Tulipe (la) Noire, par *Alexandre Dumas*; 3 vol. in-8. Paris, rue Coquillière.

Vicomte (le) de Bragelonne ou Dix ans plus tard, suite des Trois Mousquetaires et de Vingt Ans Après, par *Alexandre Dumas;* 26 vol. in-8. Paris, 1849.

Vingt ans après, par *Alexandre Dumas;* 8 vol. in-8. Paris, 1846.

Voisins (les), par *Frédéric Bremer;* 2 vol. in-8. Paris, 1845.

The book of the Thousand Nights and one night : from the Arabic of the Egyptian, M. S. 1 vol. in-8. Calcutta, London, 1838.

VIII. POLYGRAPHES. *p.* 216.

Bibliothèque latine-française, traduction nouvelle des auteurs latins, deuxième série (les Nuits attiques d'*Aulu-Gelle*), par MM. de *Chaumont, Flambart* et *Buisson*. Édition Panckoucke. 3 vol. in-8. Paris, 1845-1846.

Littérature, Voyages et Poésies, par *J.-J. Ampère*, de l'Académie française et de l'Académie des inscriptions; 2 vol. in-8. Paris, 1850.

SCIENCE.

p. 221

III. CHIMIE. *p.* 227.

Histoire de la Chimie, depuis les temps les plus reculés jusqu'à notre époque, par le docteur *Ferd. Hoefer*; 2 vol. in-8. Paris, 1843.

Introduction à l'étude de la chimie, par le système unitaire, par M. *Charles Gerhardt*; 1 vol. in-8. Paris, 1848.

Traité de la chimie, appliquée aux arts, par M. *Dumas*; 8 vol. in-8. Paris, 1828, avec atlas in-4.

IV. ASTRONOMIE. *p.* 229.

Connaissance des temps ou des mouvements célestes, à l'usage des astronomes et des navigateurs, pour l'an 1840 et 1841, publié par le Bureau des Longitudes. 2 vol. in-8. Paris, 1838.

VI. GÉOLOGIE. *p.* 232.

Cosmos. Essai d'une description physique du monde, par *Alexandre de Humboldt*; traduit par *H. Faye*, un des astronomes de l'Observatoire royal de Paris, première partie. 2 vol. in-8. Paris, 1846.

Description des oursins fossiles du département de l'Isère, par M. *Albin Gras;* 1 vol. in-8. Grenoble, Paris, 1848.

VII. MINERALOGIE.　　*p.* 234.

Minéralogie et Pétralogie des environs de Lyon, disposées suivant l'ordre alphabétique, par M. *A. Drian;* 1 vol. in-8. Lyon, 1849.

IX. ZOOLOGIE.　　*p.* 238.

Instinct (de l') et de l'intelligence des animaux, résumé des observations de Frédéric Cuvier sur ce sujet, par *P. Flourens,* deuxième édition; 1 vol. in-12. Paris, 1825.

X. LANGAGE.　　*p.* 241.

A. Grammaire.　　*p.* 241.

Synonymes grecs, recueillis dans les écrivains des différents âges de la littérature grecque, et expliqués d'après les grammairiens l'étymologie et l'usage, par M. *Alexandre Pillon;* 1 vol. in-8. Paris, 1847.

C. Rhétorique.　　*p.* 247.

Cours de littérature dramatique ou de l'usage des passions dans le drame, par M. *Saint-Marc Girardin;* 2 vol. in-8. Paris, 1849-1850.

Tableau de l'éloquence chrétienne au IVe siècle, par M. *Villemain;* 1 vol. in-8. Paris, 1849.

D. Philologie. *p.* 251.

Etudes de mœurs et de critique sur les poëtes latins de la décadence, par *D. Nisard*, professeur d'éloquence latine au collége de France, deuxième édition. 2 vol. in-8. Paris, 1849.

Observations sur l'Iliade d'Homère, par *Dugas Montbel;* 2 vol. in-8. Paris, 1829.

XI. MATHÉMATIQUES. *p.* 253.

Géométrie descriptive, leçons données aux écoles normales, l'an III de la République, par *Gaspard Monge*, de l'Institut national; 1 vol. in-4. Paris, an VII.

Leçons de mécanique pratique, à l'usage des auditeurs des cours du Conservatoire des arts et métiers, des sous-officiers et ouvriers d'artillerie, par *Arthur Morin;* 3 vol. in-8. Paris, 1846.

XII. PHILOSOPHIE. *p.* 255.

A. Histoire. *p.* 255.

Histoire des révolutions de la philosophie en France, pendant le moyen-âge jusqu'au XVIᵉ siècle, précédée d'une introduction sur la philosophie de l'antiquité et celle des premiers temps du Christianisme, par le duc de *Caraman;* 3 vol. in-8. Paris, 1848.

B. Traités généraux. — Œuvres diverses. *p.* 255.

Logique d'*Aristote*, traduite en français pour la

première fois, par *J.-B. J. Saint-Hilaire*, membre de l'Institut; 4 vol. in-8. Paris, 1844.

Epicure opposé à Descartes, ou Examen critique du cartésianisme, Mémoires envoyé au concours ouvert par l'Académie des sciences, morales et politiques en 1839, par *J. A. Rochoux*; 1 vol. in-8. Paris, 1843.

Harmonie de l'intelligence humaine, par *Edouard Alletz*; 2 vol. in-8. Paris, Turin, Leipzig, 1846.

Réflexions et Menus-propos d'un peintre génévois, ou essai sur le beau dans les arts, par *R. Topffer*; 2 vol. in-12. Paris, 1848.

XIII. ARTS ET MÉTIERS. *p.* 265.

A. Beaux-Arts. *p.* 265.

Salon de 1841; 1 vol. in-4.

Livre (le) d'or des contemporains, ou Recueil de six sujets gravés par *N. Desmadryl*, d'après les dessins de Madame *Elize Boulanger*; 1 vol. in-fol. Paris, rue du Mail, 5.

Chine (la) et les Chinois, dessins exécutés d'après nature, par *Auguste Borget*, et lithographié à deux teintes, par *Eugène Cicéri*; 1 vol. in-fol. Paris.

Biographie universelle des musiciens et Biographie générale de la musique, par *F. J. Fétis*; 8 vol. in-8. Bruxelles, 1837.

Méthode élémentaire de musique vocale, par

Mme *Emile Chevé*, (nanine Paris); 2 vol. in-8. Paris, janvier 1849-1850.

XIV. INDUSTRIES ET MANUFACTURES.

Dictionnaire des arts et manufactures, description des procédés de l'industrie française et étrangère, publié par M. *C. Laboulaye ;* 2 gros vol. in-4. Paris, 1847.

Dictionnaire universel des arts et métiers et de l'économie industrielle et commerciale, contenant l'exposition des procédés usités dans les manufactures, les ateliers d'industries et les arts et métiers, par *Francœur* et autres, etc.; orné d'un atlas in-4. 6 vol. in-8. Paris, 1843.

XVI. AGRICULTURE.   *p.* 275.

Cours d'agriculture, par le comte de *Gasparin*, pair de France; 3 vol. in-8. Paris, 1846.

Atlas des principaux instruments d'agriculture, en usage à l'Institut royal agronomique de Grignon, autographié d'après les dessins des élèves, sous la direction de M. *Erambert*, professeur de mathématiques, 1839; 1 vol. in-fol.

Guide des propriétaires de biens ruraux affermés, par le comte de *Gasparin*, pair de France; 1 vol. in-8. Paris, 1844.

Différents (des) moyens d'amender le sol, par M. *A. Puvis*, ancien officier d'artillerie, etc.; 1 vol. in-8. Paris, 1837.

Engrais (des) inorganiques en général et de sel ma·

rin (chlorure du sodium) en particulier, par M. *Becquerel*; 1 vol. in-12. Paris, 1848.

Engrais (des) ou l'art d'améliorer les plus mauvaises terres par les amendements et les engrais de toute nature, par M. *Ducoin*, ingénieur civil, auteur des Entretiens sur la Physique et sur la Chimie; 1 vol. in-12. Tours, 1842.

Engrais (des). Théorie de leur action sur les plantes, principaux moyens d'en obtenir le plus d'effet utile, par M. *Payen*; 1 vol. in-12. Paris, rue Jacob, 26.

Emploi (de l') de la chaux en agriculture, par M. *A. Puvis*, ancien officier d'artillerie, etc.; 1 vol. in-8. Paris, 1835.

Instruction sur la manière de conserver le foin par les meules à courant d'air, publiée par la Commission d'agriculture et des arts. Brochure in-8.

Bergerie de Grignon, construite d'après les dessins de M. *Polonceau*; 1 vol. in-fol.

XVII. MÉDECINE.   *p.* 284.

Etudes sur les eaux minérales d'Uriage, près Grenoble (Isère), et sur l'influence physiologique des eaux en général, et les divers modes de leur emploi, par *J. Vulfranc Gerdy*; 1 vol. in-8. Paris, 1849.

Histoire médicale et philosophique de la femme, considérée dans toutes les époques principales de sa vie, par le docteur *Menville*; 3 vol. in-8. Paris, 1845.

Hygiène des familles, ou du perfectionnement physique et moral de l'homme, considéré particulièrement dans ses rapports, avec l'éducation et
les besoins de la civilisation moderne, par le docteur *Francis Devay*, médecin de l'Hôtel-Dieu de
Lyon; 2 vol. in-8. Paris, Lyon, 1846.

Science (la) de la vie, ou comment il faut vivre et
pourquoi il faut vivre, par le docteur *Samuel
Lamert*; 1 vol. in-12. Paris, 1849.

Conformation (de la) du cheval, suivant les lois de
la physiologie et de la mécanique, haras, courses,
types réproducteurs, amélioration des races vices
redhibitoires, par M. *A. Richard*, docteur en
médecine; 1 vol. in-8. (avec planches). Paris, 1847.

XVIII. MORALE. *p.* 289.

B. Écrits divers. *p.* 291.

Séances et travaux de l'Académie des sciences, morales et politiques. Compte-rendu par MM. *Ch.
Vergé* et *Loiseau*, sous la direction de M. *Mignet*,
paraît par livraison.

Veuvage et célibat, ou encore quelques réalités,
par l'auteur des Réalités de la vie domestique,
2 vol. in-8. Genève, 1848.

Histoire morale des femmes, par M. *Ernest Legouvé*;
1 vol. in-8. Paris, 1849.

E. Morale publique. *p.* 297.

PÉNALITÉ. — CORRECTION. *p.* 298.

Réforme Pénitentiaire. Lettres sur les prisons de

Paris, par *F. V. Raspail*; 2 vol. in-8. Paris, 1839.

F. Éducation. *p.* 299.

Direction morale pour les instituteurs, par *Th. H. Barrau*, troisième édition; 1 vol. in-12. Paris, Alger, 1848.

Religion (la) dans les colléges, par M. l'abbé *Collard*, aumônier du Lycée d'Alençon; 1 vol. in-8. Paris, 1850.

XIX. POLITIQUE. *p.* 301.

A. Traités généraux. *p.* 301.

Mably. Théories sociales et politiques, avec une introduction et des notes, par *Paul Rochery*; 1 vol. in-8. Paris, 1849.

Génie de la monarchie, par *Alexandre Weill*; 1 vol. in-12. Paris, 1850.

Commune (la), l'Eglise et l'Etat, dans leurs rapports avec les classes laborieuses, par *Ferdinand Béchard*; 2 vol. in-12. Paris, 1850.

Célébration (de la) du Dimanche, considérée sous le rapport de l'hygiène publique de la morale, des relations de famille et de cité, par *P. J. Proudhon*; 1 vol. in-12. Paris, 1848.

Peuple (le), par *J. Michelet*, troisième édition; 1 vol. in-12. Paris, 1846.

Voix d'un catholique en février 1848, ou réforme dans la Constitution du clergé et dans la discipline ecclésiastique, par le citoyen *H. Gibon*; 1 vol. Paris, 1848.

Ou l'Eglise ou l'Etat, par *F. Génin*, professeur à la Faculté des lettres de Strasbourg; 1 vol. in-8. Paris, 1847.

Monarchie (la) héréditaire et sociale. Brochure in-12. Paris, 1850.

Essai sur la Liberté, l'Egalité et la Fraternité, considérées aux points de vue chrétien, social et personnel, par Mme *L. de Challié* (née Jussieux); 1 vol. in-8. Paris, 1849.

Physiocratie (de la) ou des pouvoirs politiques selon la nature des choses sociales. Lettres d'un aristocrate à un démocrate, par *A. Lasserre*; brochure. in-8. Paris, 1850.

Création (de la) de l'ordre dans l'humanité, ou principes d'organisation politique, par *P. J. Proudhon*; 1 vol. in-8. Paris, 1849.

Humanité (de l') de son principe et de son avenir, par *Pierre Leroux*, deuxième édition; 2 vol. in-8. Paris, 1845.

Société première (de la) et de ces lois, ou de la religion, par *Lamennais*; 1 vol. in-12. Paris, 1848.

Socialisme (le) devant le vieux monde, ou le vivant devant les morts, par *V. Considérant*, représentant du peuple; 1 vol. in-8. Paris, 1849.

B. Écrits particuliers.   *p.* 305.

Autorité (de l') en France, par *Nicol de Kgrist*; 1 vol. in-8. Paris, 1849,

Démocratie (de la) en France (janvier 1849), par M. *Guizot;* 1 vol. in-8. Paris, 1849.

Enseignement (l') du peuple, par *E. Quinet*, représentant du peuple, troisième édition; 1 vol. in-8. Paris, 1850.

L'esclavage (de) dans les colonies pour servir d'introduction à l'histoire de l'esclavage dans l'antiquité, par *H. Wallon;* 1 vol. in-8. Paris, 1847.

Europe (l') révolutionnaire, par *Ivan Golovine;* 1 vol. in-12. Paris, 1849.

Charles Fourrier. Sa vie et sa théorie, par *Ch. Pellarin*, docteur en médecine, deuxième édition; 1 vol. in-8. Paris, 1843.

France (de la), de son génie et de ses destinées, par *Henry Martin;* 1 vol. in-8. Paris, 1847.

Globe (le), journal de la doctrine de St-Simon, du 2 mai 1829 au 13 février 1830; 1 vol. in-4.

Globe (le), journal de la doctrine de St-Simon, du 1er août 1830 au 20 avril 1832; 2 vol. in-fol.

Gouvernement (du) héréditaire en France et des trois partis qui s'y rattachent. Napoléon II, un d'Orléans, Henri V, par *Louis Couture;* 1 vol. petit in-8. Paris, 1850.

Histoire de l'esclavage dans l'antiquité, par *H. Wallon*, licencié en droit; 3 vol. in-8. Paris, 1847.

Histoire de la souveraineté du peuple en France et des crimes commis en son nom, par M. *André Vigroux*, précédée d'une lettre de M. *Alfred Nettement*; 1 vol. in-8. Paris, 1850.

OEuvres de *Louis-Napoléon Bonaparte*, publiées par M. *Charles Edouard Temblaire*; 3 vol. in-8. Paris, 1848.

Réforme (de la) parlementaire et de la réforme électorale, par M. *P. Duvergier de Hauranne*, député du Cher; 1 vol. in-8. Paris, 1847.

Régime (du) municipal de la France, par *P. Molroguier*; 1 vol. in-12. Paris, 1849.

Russie (la) en présence de la crise européenne, par *N. Tourgueneff*, auteur de la Russie et les russes; 1 vol. in-8. Paris, 1848.

Situation. Reconstruction de l'Europe et nouvelle organisation sociale et politique, ou nouveau système gouvernemental, financier, administratif et judiciaire, adressé à M. le président de la République, par *D. de la F.*; 1 vol. in-8. Paris, 1849.

C. Polémique. *p.* 310.

A mon pays, défense de ma proposition sur l'appel à la nation, par M. *de la Rochejaquelein*; 1 vol. in-12. Paris, 1850.

Comment la République est possible, par *C. de Jocas*; 1 vol. in-8. Paris, décembre 1849.

Croisade (la) autrichienne, française, napolitaine, espagnole, contre la République romaine, par *E. Quinet*, représentant du peuple, cinquième édition; 1 vol. in-12. Paris, 1849.

Dieu le veut, par le vicomte d'*Arlincourt*, précédé de la relation de son procès en Cour d'assise et de son discours devant le jury; 1 vol. in-18. Paris, 1849.

Eclair (un) avant la foudre, ou le communisme et ses causes; 1 vol. in-8. Avignon, 1848.

Foi et avenir, par *J. Mazzini*; 1 vol. in-8. Paris, 1850.

Pape (le) au XIXᵉ siècle, par *J. Mazzini*, triumvir de la République romaine; 1 vol. in-12.

Passé (le), le présent, l'avenir de la République, par M. *A. de Lamartine*; 1 vol. in-8. Paris, 1850.

Place au droit, douzième édition; 1 vol. in-18. Paris, 1850.

Place au peuple, par *Georges Olivier*; 1 vol. in-18. Paris, 1849.

Pourquoi la révolution d'Angleterre a-t-elle réussi ? Discours sur l'histoire de la révolution d'Angleterre, par M. *Guizot*; 1 vol. in-8. Paris, 1850.

Proudhon et Pierre Leroux, révélations édifiantes, par M. *Marchal*; 1 vol. in-12. Paris, 1850.

Proudhon au tribunal de la pénitence, par *Ernest Grégoire fils*; brochure in-12. Paris, 1850.

Questions constitutionnelles, par M. *de Barante*, de l'Académie française; 1 vol. in-8. Paris, 1849.

Radicaux (les) et la Charte, par M. *H. Carnot*, député de la Seine; brochure in-8.

Voyage au Mont-Blanc, ou études sur les hommes et les partis monarchiques, par *Julius*; 1 vol. in-12. Paris, 1849.

XIX. ÉCONOMIE SOCIALE. *p.* 317.

Administration des Douanes. Tableau général des mouvements du cabotage, pendant l'année 1844. Paris, 1845, 1 vol. in-4.

Annuaire général du commerce, de l'industrie, de la magistrature et de l'administration; 1 vol. in-4. Paris, 1848.

Annuaire de l'économie politique et de la statistique pour 1847, par MM. *Joseph Garnier* et *Guillaumin*; 1 vol. in-12. Paris, 1847.

Avertissement aux propriétaires, ou lettre à M. Considérant, rédacteur de la *Phalange*, sur une défense de la propriété, par *P. J. Proudhon*; 1 vol. in-12. Paris, 1848.

Caisse d'Epargne et de prévoyance de Paris. Rapports et comptes-rendus des opérations de la Caisse d'épargne de Paris, pendant l'année 1845. Brochure in-8.

Colonisation (de la) en Algérie, par *Gustave Vesian*; 1 vol. in-8. Paris, 1850.

Concurrence (de la) entre les chemins de fer et les voies navigables, par *P. J. Proudhon*, deuxième édition; 1 vol. in-12. Paris, 1848.

Crédit (du) et des Banques, par *Ch. Coquelin*; 1 vol. in-12. Paris, 1848.

Droit (le) au travail et le droit de propriété, par *P. J. Proudhon*, représentant du peuple; 1 vol. in-12. Paris, 1848.

Enquête sur le travail agricole et industriel. Rapport fait au nom de la commission d'enquête pour les deux cantons du Puy, arrondissement du Puy (Haute-Loire). 1 vol. in-8., par *Charles Calemard-Lafayette*; au Puy, 1849.

Entretiens de village, par M. *de Cormenin*, huitième édition; 1 vol. in-8. Paris, 1847.

Etudes sur les questions économiques, financières et sociales de notre époque, par *Ch. Nicod*; 1 vol. in-8. Valence, 1848.

Etudes sur le commerce au moyen-âge, histoire du Commerce de la mer Noire et des colonies Génoises de la Krimée, par *F. Elie de la Primaudaie*; 1 vol. in-8. Paris, 1848.

Exposition des produits de l'industrie française, en 1844. Rapport du jury central (à triple exemplaire.) 3 vol. in-8. Paris, 1844.

Histoire de l'économie politique en Europe, depuis les anciens temps jusqu'à nos jours, suivie d'une bibliographie raisonnée des principaux ouvrages d'économie politique, par M. *Blanqui, aîné*, troisième édition; 2 vol. Paris, 1845.

Harmonies économiques, par M. *F. Bastiat;* 1 vol. in-8. Paris, 1850.

Intervention (de l') de la société pour prévenir et soulager la misère, par *Armand de Melun*, deuxième édition; 1 vol. in-12. Paris, 1849.

Manuel du négociant français en Chine, par M. *C. de Montigny*; 1 vol. in-8. 1846. Paris.

Nouvelles études sur la législation charitable et sur les moyens de pourvoir à l'exécution de l'article 13 de la Constitution française, par *L. Lamothe*; 1 vol. in-8, Paris, 1850.

Organisation du crédit et de la circulation et solution du problème social, par *P. J. Proudhon*, deuxième édition; 1 vol. in-12. Paris, 1848.

Pièces et documents relatifs au commerce avec la Chine et l'Inde. 1 vol. grand in-8. Paris, 1846.

Proposition relative à l'impôt sur le revenu, présentée le 11 juillet 1848, par le citoyen *Proudhon*, suivie du discours qu'il a prononcé à l'Assemblée nationale, le 31 juillet 1848; 1 vol. in-12. Paris, 1848.

Propriété (de la), par M. *A. Thiers*; 1 vol. in-8. Paris, 1848. L'ouvrage est à double.

Qu'est-ce que la propriété? ou recherches sur le principe du droit et du gouvernement, par *P. J.*

Proudhon. Premier mémoire. 1 vol. in-12. Paris, 1848.

Qu'est-ce que la propriété? Deuxième mémoire. Lettre à M. Blanqui sur la propriété, par *P. J. Proudhon;* 1 vol. in-12. Paris, 1848.

Rapport au roi sur les Caisses d'épargne; 1 vol. in-8. Paris, juin 1843.

Répartition (de la) des richesses ou de la justice distributive en économie sociale, par *F. Vidal;* 1 vol. in-8. Paris, 1846.

Répertoire général de la première série des extraits d'avis divers (donnés au gouvernement), années 1829 à 1839. (Double.) 1 vol. in-8. Paris, 1845.

Resumé de la question sociale; Banque d'échange, par *P.-J. Proudhon;* 1 vol. in-12. Paris, 1848.

Socialisme (le) et l'impôt, par *Emile de Girardin;* 1 vol. in-8. Paris, 1849.

Socialisme et sens commun, par *L. B. Bonjean,* ancien représentant à l'Assemblée constituante; 1 vol. in-12. Paris, 1850.

Solution du problème, de la population et de la subsistance, soumise à un médecin dans une série de lettres, par *Charles London,* docteur en médecine; 1 vol. in-8. Paris, 1842.

Statistique des établissements et services de bienfaisance. Rapport à M. le ministre de l'intérieur, sur la situation administrative, morale et financière, ou service des enfants trouvés et abandonnés en

France, par *Ad. de Watteville*; 1 vol. in-4. Paris, 1849.

Travail (du) dans les prisons et dans les établissements de bienfaisance, par *Ad. de Watteville*; 1 vol. petit in-12. Paris, 1850.

XXI. ADMINISTRATION. *p.* 325.

Analyse des vœux des conseils généraux de département sur divers objets d'administration et d'utilité publique, soit locale, soit générale, session 1845. 1 vol. in-4. Paris, juillet 1846.

Compte général des recettes et dépenses de la ville de Paris pour l'exercice 1844, clôs le 31 mars 1845. 1 vol. in-4. Paris, juin 1845.

Ministère de la guerre. Tableau de la situation des établissements français dans l'Algérie, 1844-1845. 1 vol. in-4. Paris, 1846.

Ville de Paris. Budget des recettes et dépenses de l'exercice 1846. (à double.) Brochure in-8.

XXII. DIPLOMATIE. *p.* 329.

Guide diplomatique, ou traité des droits, des immunités et des devoirs des ministres publics, etc., par M. *de Hoffmann*; 3 vol. in-8. Paris, 1837.

XXV. DROIT POLITIQUE. *p.* 331.

Constitution de la République française, accompagnée de notes sommaires explicatives du texte, et suivie de diverses pièces et de quelques discours prononcés dans la discussion du projet, par M. *Dupin*, représentant du peuple, deuxième édition; 1 vol. in-12. Paris, janvier 1849.

XXVII. DROIT FRANÇAIS. *p.* 334.

A. Introduction. — Traités généraux. *p.* 334.

Codes français, expliqués par leurs motifs, par des exemples et par la jurisprudence, avec la solution sous chaque article, suivis de formulaires, par *J. A. Rogron*, deuxième édition; 2 vol. in-4. Paris, 1843.

Recueil général des lois et des arrêts, avec notes et commentaires, présentant sur chaque question le résumé de la jurisprudence et la doctrine des auteurs, par MM. *de Villeneuve* et *Carette*; commençant en 1791 jusqu'en 1844. 23 vol. in-4. Paris, première et deuxième série.

Lois annotées, ou lois, décrets, ordonnances, avis du conseil d'état, par *A. A. Carette*, docteur en droit, première et deuxième série de 1789 à 1844. 2 vol. in-4. 1843 et 1846.

B. Traités particuliers. *p.* 335.

Concordance entre les codes de commerce étrangers et le code de commerce français, par M. *Antoine de Saint-Joseph*; 1 vol. in-4. Paris, 1844.

Droit anglais, ou résumé de législation anglaise sous la forme de Codes, suivis d'un dictionnaire de termes légaux techniques et historiques, par *A. Laya*, avocat, deuxième édition; 2 vol. in-8. Paris, 1846.

Traité du contrat de commission, par M. *de La-marre*, docteur en droit, conseiller à la Cour royale de Rennes, et M. *le Poitvin*. docteur en droit; 4 vol. in-8. Paris, juillet 1840.

Traité des obligations conventionnelles en matière de commerce, faisant suite au contrat de com-mission et formant le troisième volume de cet ouvrage, par *de Lamarre* et *Poitvin,* docteurs en droit; 1 vol. in-8. Paris, 1845.

Tribunaux (des) de commerce, des commerçants et des actes de commerce, par *Louis Nouguier;* 3 vol. in-8. Paris, 1844.

XXXIV. SCIENCE DIVINE. — CHRÉTIENNE.
p. 339.

2° TEXTE ET VERSIONS.   *p.* 341.

Evangiles (les), traduction nouvelle avec des notes et des réflexions à la fin de chaque chapitre, par *F. Lamennais*; 1 vol. petit in-8. Paris, 1846.

D. Saints Pères.   *p.* 366.

Tertulien et Saint Augustin, œuvres choisies, avec la traduction en français, publiées sous la direc-tion de M. *Nisard*; 1 vol. grand in-8. Paris, 1845.

E. Liturgie.   *p.* 370.

Institutions liturgiques, par le R. P. *Dom Prosper Guéranger,* abbé de Solesmes; 2 vol. in-8. Le-mans, Paris.

I. Théologie Sermonnaire.   *p.* 392.

Conférences de Notre-Dame de Paris, années 1844, 1845, 1846, par le R. P. *Henri Dominique La-cordaire*, des frères Prêcheurs; 1 vol. in-8. Paris, 1845-1847.

J. Théologie Mystique.   *p.* 404.

Méditations sur la vie de N. S. Jésus-Christ, par le séraphique docteur *Saint-Bonaventure*, traduite en français par le R. P. dom *François le Bannier*, bénédictin de la congrégation de France; 2 vol. in-8. Paris, Lemans.

K. Théologie Polémique.   *p.* 412.

Christ et Pape, ou la doctrine de Dieu et ses minis-tres, par *J.-B. Bouché de Cluny*; 1 vol. in-12. Paris, 1846.

FIN DU PREMIER SUPPLÉMENT.

TABLE ALPHABÉTIQUE

DES

NOMS D'AUTEURS

CONTENUS DANS CE PREMIER SUPPLÉMENT DU CATALOGUE GÉNÉRAL,

ET SOMMAIRE DES OUVRAGES ANONYMES.

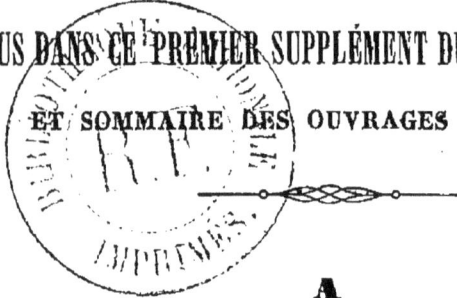

4.

E

F

G

H

I

J

K

L

M

Q

T

FIN DE LA TABLE ALPHABÉTIQUE.

SECOND SUPPLÉMENT

AU

CATALOGUE GÉNÉRAL

DE 1847

DE LA

BIBLIOTHÈQUE

DE LA VILLE D'ANNONAY,

Comprenant les ouvrages reçus
en 1851 et 1852.

ANNONAY,

IMPRIMERIE ET LIBRAIRIE DE PRODHON.

—

1853.

AVIS IMPORTANT.

Le Comité de la Société de Lecture, près la Bibliothèque de la ville, croit devoir rappeller en publiant ce Catalogue, que d'après les règlements,

Il est expressément interdit de prêter à tout étranger à la Société les livres pris en Lecture ; un abonnement ne pouvant profiter qu'aux membres d'un seul ménage.

Le Lecteur doit soigner les ouvrages qui lui sont confiés, il doit faire connaitre les dommages qui leur sont arrivés par sa faute ; le Bibliothécaire ne pouvant toujours s'en appercevoir.

L'observation des deux articles ci-dessus, d'ou dépendent l'avantage de la Société et la conservation de la Bibliothèque de la ville, est particulièrement recommandée a la délicatesse de tous.

Le Sociétaire qui désire un ouvrage déjà en lecture peut charger le Bibliothécaire de le reclamer, lorsque le temps que cet ouvrage peut être gardé par la même personne est écoulé.

Nul autre que le Bibliothécaire ne peut prendre ou remettre des livres sur les rayons.

Le Comité reçoit avec gratitude l'indication des bons ouvrages qui manquent à la Bibliothèque, surtout si cette note est signée et accompagnée d'une appréciation de l'ouvrage ; il se procure autant que possible les ouvrages demandés par plusieurs Sociétaires.

La Société doit des remercîments à M. *Calemard de Lafayette*, pour sa brillante exposition du génie florentin à l'époque *du dante*, *Michel Ange* et *Machiavel*.

HISTOIRE.

p. 1. (ɪ)

GÉOGRAPHIE. *p*. 4.

Dictionnaire Géographique et stastique rédigé sur un plan entièrement nouveau; ɪ vol. in-8. Paris, 1830.

Statistique. *p*. 8.

Tableau de l'état physique et moral des ouvriers employés dans les Manufactures de coton et de soie, par *Villermé*; 2 vol. in-8. Paris, 1840.

Voyages. *p*. 9.

Histoire générale des voyages de découvertes maritimes depuis le commencement du monde, par *W. Desborough Cooley*, traduit de l'allemand, par *Ad. Joanne Oldnick*; 3 vol in-12. Paris, 1840.

VOYAGES EN ASIE ET EN ORIENT. *p*. 11.

Lettres sur l'Inde avec dessins et cartes, ɪ[er] voyage 1841, 1842, 1843, 2me voyage 1845, 1846; ɪ vol. in-8. Paris, 1849.

L'Inde Anglaise en 1843, 1844, par le comte *Edouard de Varren*, officier dans l'Inde, deuxième édition, 3 vol. in-8. Paris, 1845.

(ɪ) La page indiquée est celle du Catalogue général.

Le grand désert, ou itinéraire d'une caravane du Sahara au pays des Nègres (royaume de Haoussa), par le général *Daumas* et *Ansone de Chancel*; 1 vol. in-8. Paris, 1850.

Le Sahara Algérien, études géographiques statistiques et historiques sur la région au sud des établissements Français en Algérie, rédigé sur les documents recueillis par le lieutenant colonel *Daumas*, par *Ansone de Chancel*; 1 vol. in-8. Paris, 1845.

Véloce, (le) ou Tanger, Alger et Tunis, ouvrage inédit, par *Alexandre Dumas*; 4 vol. in-8. Paris, 1849.

Voyage dans l'Amérique méridionale, exécuté pendant les années 1826 à 1833, par *Alcide d'Orbigny*; 9 vol. in-fol. Paris, 1835.

Lettres sur l'Amérique, par *X. Marmier*; 2 vol. in-12. Paris.

Etudes sur la littérature et les mœurs des Anglo-Américains au XIXᵉ siècle, par *Philarète Chasle*; 1 vol. in-12. Paris.

Irlande (l') et le pays de Galles, esquisses de voyages d'économie politique, d'histoire, de biographie, de littérature, etc. par *Amédée Pichot*; 2 vol. in-8. Paris, 1850.

Course en Voiturin (Italie et Sicile), par *Paul de Musset;* 2 vol. in-8. Paris 1845.

Voyages en Corse, à l'Ile d'Elbe et en Sardaigne, par M. *Valeri;* 2 vol. in-8. Paris, 1837.

Le Rhône et la Mer, souvenirs légendes, études historiques et pittoresques, par *Jules de Saint Félix;* 2 vol. in-8. Paris 1845.

La Suisse illustrée, ornée de vues et costumes, par *Hillin Zschokke;* 2 vol. in-4. Paris, 1851.

Le tour du Léman, voyage pittoresque, historique et philosophique, sur les rives du lac de Genève, par *Alfred de Bougy;* 1 vol. in-8. Paris, 1847.

HISTOIRE RELIGIEUSE. *p.* 25.

Histoire Ecclésiastique. *p.* 26.

Société (de la) chrétienne au 4ᵐᵉ siècle, d'après les lettres des Pères de l'église Grecque, par *J.-L. Genin*, troisième édition; 1 vol. in-8. Paris, 1850. (à double).

II. LITTÉRAIRE ET SCIENTIFIQUE. *p.* 39.

Journaux et Dictionnaires. *p.* 45.

Revue Britannique, ouvrage périodique mensuel années 1851, 1852, par *Amédée Pichot;* 8 vol. in-8. Paris.

Revue des deux mondes, ouvrage périodique mensuel, pour les années 1851 1852, par *une Société.*

Foyers (les) du peuple, journal littéraire (mensuel),
par *A. de Lamartine;* 1 vol. in-8. Paris, 1851.

HISTOIRE UNIVERSELLE. *p.* 47.

Histoire Générale. *p.* 49.

Annuaire de la revue des deux mondes, pour les
années 1851, 1852.

Histoire de la civilisation. *p.* 56.

Le moyen-âge et la renaissance. Histoire et description des mœurs et usages , du commerce et
de l'industrie, des arts, des sciences, des littéra-
tures et des beaux arts, en Europe de l'an 500
à l'an 1600, par M. *Paul Lacroix*, pour la direction littéraire, par *Ferdinand Serré*, pour la direction artistique; 5 vol. in-4. Paris, 1851.

Mélanges Historiques. *p.* 58.

Histoire pittoresque de la Franc-Maçonnerie et
des sociétés secrètes anciennes et modernes, par
F. T. B. Clavel, troisième édition illustrée, 1 vol.
in-8. Paris, 1844.

Grèce, Morée, Archipel. *p.* 62.

Cyropédie ou histoire de Cyrus et éloge d'Agesilaus,
par *Xénophon*, traduit du grec, par *Charpentier*,
de l'académie française; 2 vol. in-12. Paris, 1824.

Histoire des législateurs et des constitutions de la
Grèce antique, par *l'Herminier;* 2 vol. in-8.
Paris, 1852.

Italie. *p.* 63.

Vie d'Olympia Morata, épisode de la renaissance et de la réforme en Italie, 1 vol. in-8. Paris, 1851.

Histoire des révolutions et des guerres d'Italie en. 1847 1848 et 1849, par le général *G. Pepe*; 1 vol. in-8. Paris, 1850.

Révolutions (les) d'Italie, par *E. Quinet*, (suite première partie tome deuxième.) Paris.

HISTOIRE ROMAINE. *p.* 64.

Etudes sur l'histoire Romaine. — Guerre sociale, 1ᵉʳ vol. — Conjuration de Catilina, 2ᵐᵉ vol. par *Prosper Mérimée*; 2 vol. in-8. Paris, 1844.

Histoire de France. *p.* 70.

HISTOIRE GÉNÉRALE. *p.* 70.

Histoire de France (suite, 17ᵐᵉ vol.), par *Henri Martin*; in-8. Paris, 1852.

Cours d'histoire de France depuis les temps antiques de la Gaule jusquà la restauration de 1814, par *Alexandre de Mazas*, quatrième édition; 4 vol. in-8. Paris, 1847.

Histoire de France (elle se termine inclusivement. au règne de Louis XI, le fils de l'auteur devait en donner la suite), par le comte *de Ségur*; 9 vol. in-8. Paris, 1830.

Galeries historiques de Versailles, sous la direction de *Gavard*; texte 1 vol. planches. 10 vol. Paris, 1838.

Histoire des ducs de Guise, par *René de Bouillé,* ancien ministre plénipotentiaire ; 4 vol. in-8. Paris, 1849.

Coup d'œil sur le règne de Louis XVI depuis son avènement à la couronne jusqu'à la séance du 23 juin 1789, pour faire suite à l'histoire philosophique du règne de Louis XVI, par le comte *de Tocqueville*; 1 vol in-8. Paris.

Correspondance entre le comte de Mirabeau et le comte de la Marck, pendant les années 1789 1790 et 1791 recueillie et mise en ordre, par *Ad. de Bacourt;* 3 vol. in-8. Paris, 1851.

Histoire de la convention nationale, par M. *de Barante ;* 1er 2me 3me vol. in-8. Paris, 1851.

Histoire de la révolution Française, par *Louis Blanc;* (suite, tome 3.) in-8. Paris, 1852.

Histoire de la révolution Française, par *J. Michelet ;* (suite, tome 5. deuxième partie.) in-8.

Histoire du consulat et de l'empire, faisant suite à l'histoire de la révolution Française, par *Thiers;* (suite, 10. 11. 12. vol. Plans et Cartes du n° 43 à 57. deux exemplaires.) in-8.

Histoire des deux restaurations, ou chûte de l'empire jusqu'à la chûte de Charles X, en 1830, par *Achille de Vaulabelle;* (suite, 5me vol.) in-8. Paris, 1852.

Journal, (mon) évènements de 1815, par *Louis-Philippe d'Orléans ;* Paris, 1849.

Histoire de huit ans, 1840 à 1848, faisant suite à l'histoire de dix ans, 1830 à 1840, par M. Louis Blanc, et complétant le règne de Louis-Philippe, par *Elias Regnault;* 1er et 2me vol. in-8. Paris, 1851.

Histoire du gouvernement provisoire de 1848, par *Elias Regnault*, ancien chef du cabinet du ministre provisoire de l'intérieur; 1 vol. in-8. Paris, 1850.

Histoire de la restauration, par *A. de Lamartine;* 1er 2me 3me et 4me vol. in-8. Paris, 1851.

Portraits politiques et révolutionnaires, par *Cuvilier Fleury;* 1 vol. in-12. Paris, 1851.

Histoire de la vie politique et privée de Louis-Philippe, par *A. Dumas;* 2 vol. in-8. Paris, 1852.

Histoire de la chûte de Louis-Philippe, par *F. de Groiseilliez;* 1 vol. in-12. Paris, 1852.

Confessions (les) d'un révolutionnaire, pour servir à l'histoire de la révolution de Février, par *P.-J. Proudhon*, troisième édition; 1 vol. in-12. Paris, 1852.

Révolution militaire du deux décembre 1851, précédée de la vérité quand même à tous les partis, par le capitaine *Mandint;* 1 vol. in-12. Paris, 1852.

Histoire du deux décembre, avec portraits et pièces justificatives, par *P. Mayer;* 1 vol. in-12. Paris, 1852.

HISTOIRE D'UNE PROVINCE, D'UNE VILLE.   *p*. 85.

Histoire de Lyon, depuis la révolution de 1789, par *Merin ;* tome 1 2 3. in-8. Lyon, 1847

HISTOIRE BIOGRAPHIQUE.   *p*. 91.

Histoire de Madame de Maintenon et des principaux évènements du règne de Louis XIV, par M. le duc *de Nouilles ;* tome 1 et 2. in-8. Paris, 1849.

Portraits contemporains. — Portraits contemporains et divers. — Derniers portraits littéraires, par *C.-A. Sainte Beuve ;* 4 vol. in-12. Paris, 1847 1852.

Les excentriques, par *Champfleury ;* 1 vol. in-12. Paris, 1852.

Eloge de M. de Chateaubriant, prononcé a l'Académie Française, par M. le duc *de Noailles ;* 1 vol. in-8. Paris, 1849.

MÉMOIRES DIVERS.   *p*. 109.

Nouvelles confidences avec une partie inédite, par *A. de Lamartine ;* 1 vol. in-8. Paris, 1851.

Espagne et Portugal.   *p*. 124.

Histoire des Arabes et des Maures d'Espagne, par *Louis Viardot ;* 2 vol. in-8. Paris, 1851.

Angleterre.   *p*. 127.

Les quatre conquêtes de l'Angleterre, son histoire et ses institutions, sous les Romains, les Anglo-Saxons, les Danois et les Normands, depuis Jules César jusqu'à la mort de Guillaume le conquérant par, *Emile de Bonnechose*; 2 vol. in-8. Paris, 1852.

Histoire de Henri VIII et du schisme d'Angleterre, par M. *Audin*; 2 vol. in-8. Paris, 1847.

Histoire de Marie Stuart, par *J.-M. Dargaud*; 2 vol. in-8. Paris, 1850.

Histoire de Marie Stuart, par M. *Mignet*; 2 vol. in-8. Paris, 1851.

Monk. Chûte de la république et rétablissement de la monarchie en Angleterre en 1660, par M. *Guizot*; 1 vol. in-8. Paris, 1851.

Nord de l'Europe. *p.* 131.

Slaves (les). Cours professé au Collége de France et publié d'après les notes sténographiées; 5 vol. in-8. Paris, 1849.

Amérique du Nord. *p.* 134.

Washington. Fondation de la république des états-unis d'Amérique, par *Guizot*; 2 vol. in-8. Paris, 1851.

LITTÉRATURE.

par *Léouzon Leduc*, poète Suédois; 1. vol in-8.
Paris, 1850.

Frithiof, poème Suédois, par *Isaïe Tegner*, traduit
par *H. Desprez* et *E. R.*; 1 vol. in-12.

Littérature Anglaise. *p.* 149.

Shakespeare (les œuvres de), traduction de *Letour-
neur*, avec une notice biographique et littéraire,
par *Guizot;* 13 vol. in-8. Paris, 1821.

Littérature Française. *p.* 159.

POÉSIE. *p.* 150.

Poésies nouvelles de 1840 à 1849, par *Alfred de
Musset*; 1 vol. in-12. Paris, 1850.

Péchés (les) de jeunesse, par *Alexandre Dumas fils*,
1 vol. in-8. Paris, 1847.

Poésies complètes, Contes d'Espagne et d'Italie,
Poésies diverses, Spectacle dans un fauteuil,
Poésies nouvelles, par *Alfred de Musset*; nouvelle
édition, 1 vol. in-12. Paris, 1852.

THÉATRE. *p.* 156.

Comédies et proverbes, par *Alfred de Musset*; 1 vol.
in-12. Paris, 1851.

Comédies vaudevilles (recueil de) jouées en 1852,
par divers auteurs; 1 vol. in-12. 1 vol. grand in-8.

Scènes et proverbes, par *Oct. Feuillet*; 1 vol. in-12.
Paris, 1851.

Scènes de la ville et de la campagne, par *Henri Monnier*; 2 vol. in-8. Paris, 1841.

Château (le) de Grantier, drame en cinq actes, par *Auguste Maquet*; in-12.

Claudie, drame en trois actes et en prose, par *Georges Sand*; 1 vol. in-12. Paris, 1851

Mademoiselle de la Seiglière, comédie en quatre actes et en prose, par *Jules Sandeau*, deuxième édition, 1 vol. in-12. Paris, 1852.

Molière, drame en quatre actes, par *Georges Sand*; 1 vol. in-12. Paris, 1851.

FABLES. *p.* 161.

Fables nouvelles, suivies de deux épîtres, par M. *Viennet*, de l'académie française, 1 vol. petit in-8. Paris.

Fabulistes populaires, illustrés par *Bertall*, mis en ordre par *Emile de la Bédollière*; in-4. Paris.

ROMANS. *p.* 166.

Ames (les) du purgatoire, par *Prosper Merimée*; Paris, 1841.

Amours (les) de Bussy-Rabutin, par Mme la comtesse *d'Ash*; 4 vol. in-8. Paris, 1850.

Ange Pitou, par *Alexandre Dumas*; 8 vol. in-8 Paris, 1851.

Antigone, par M. *P. S. Ballanche*, deuxième édition 1 vol. in-8. Paris, 1819.

Athanase Robichon, candidat perpétuel à la présidence de la république, par *Louis Reybeaud*; 1 vol. in-12. Paris, 1851.

Beau (le) d'Augeunes, par *Auguste Maquet;* 2 vol. in-8. Paris.

Berthe Frémicourt, par *S. Henri Berthoud*; 2 vol. in-8. Paris, 1844.

Bonne (la) aventure, par *Eugène Sue*; 6 vol. in-8. Paris, 1850.

Ce qu'il y a dans une bouteille, deuxième livraison : Clotilde, par *Alphonse Karr*; 2 vol. in-8. Paris, 1839.

Château (le) des Désertes, par *Georges Sand*; 2 vol. in-8. Paris, 1851.

Château (le) vert, par *Méry*; 2 vol. in-8. Paris, 1851.

Chevalier (le) de St-Georges, par *Roger de Bauvoir*; 4 vol. in-8. Paris.

Clovis Gosselin, par *Alphonse Karr*; 1 vol. in-12. Paris, 1851.

Collier (le) de la reine, par *Alexandre Dumas*; 11 vol. in-8. Paris, 1849.

Colomba. — La Vénus d'Ile. — Les âmes du purgatoire, par *Prosper Mérimée*; 1 vol. in-8. Paris, 1841.

Confessions (les) d'un Magnétiseur, (magnétisme animal) suivies d'une consultation medico magnétique sur les cheveux de Mme Lafarge, par le docteur *Alphonse Teste*, deuxième édition; 2 vol. in-8. Paris, 1848.

Confession d'un ouvrier, par *Emile Souvestre*; 1 vol. in-12. Paris, 1851.

Contes. — Chien caillou. — Pauvre trompette. — Feu miette, par *Champfleury*; 1 vol. in-12. Paris, 1851.

Contes et nouvelles. — Les Méandres, par *Léon Gozlan*; 1 vol. in-12. Paris, 1851.

Contes et nouvelles, par *Alphonse Karr*; 1 vol. in-12. Paris, 1852.

Contes populaires de l'Allemagne, vignettes par *Musaens*, traduits par *A. Cerfbeen de Medelsheim*; 2 vol. in-12. Paris, 1846.

Couronne (la) navale, par *G. de la Landelle*; 9 vol. in-8. Paris, 1848.

Couvents (les anciens) de Paris, Clémentine et Félise, par Mme *Charles Reybaud*; 4 vol. in-8. Paris, 1850.

David Copperfield, par *Charles Dickens*, traduit de l'anglais par *J. M. Chopin*; 4 vol. in-8. Paris, 1851.

Débora, par *Méry*; 3 vol. in-8. Paris.

Derniers (les) Paysans, par *Emile Souvestre*, 2 vol. in-12. Paris, 1851.

Deux misères, par *Emile Souvestre*, deuxième édition, 2 vol. in-8. Paris, 1843.

Docteur Herbeau, par *Jules Sandeau*, quatrième édition; 2 vol. in-8. Paris, 1852.

Echelle (l') de soie, par *Hippolyte Lucas*; 2 vol. in-8. Paris, 1842.

Enfants (les) de l'amour, par *Eugène Sue*; 4 vol. in-8. Paris, 1851.

Enfant (l') sans mère, par *S. Henri Berthoud*; 2 vol. in-8. Paris, 1844.

Esaü le lépreux, par *Emmanuel Gonzalès*; 5 vol. in-8. Paris.

Fabiana, par *H. Arnaud*, (Mme *Charles Reybaud*); 2 vol. in-8.

Favorites (les deux), par *Emmanuel Gonzalès*; 3 vol. in-8. Paris.

Fée (la) des Grèves, et les Rasonmofski, à la fin du troisième volume, par *Paul Féval*; 3 vol. in-8.

Femme (la) de soixante ans, par *H. de Balzac*; 3 vol. in-8. Paris, 1847.

Filles (les) d'Eve, par *Arsène Houssaye*; 1 vol. in-12. Paris, 1852.

Fille (la) des Pyrénées, roman historique, par *Elie Berthet*; 3 vol. in-8. Paris, 1851.

Floride (la), par *Méry*; 2 vol. in-8. Paris, 1846.

Françoise de Plainville, par Mme *Camille Bodin* (*Jenny Bastide*); 2 vol. in-8. Paris.

Georges. — Fabiana, par *H. Arnaud*, (Mme *Charles Reybaud*); 2 vol. in-8.

Georges, ou une âme dans le siècle, par *J. M. Dargaud*; 2 vol. in-8.

Grand (un) d'Espagne, par *Jules Lacroix*; 2 vol. in-8. Paris, 1845.

Hélène, par Mme *Charles Reybaud*; 2 vol. in-8. Paris, 1850.

Heure (une) trop tard, par *Alphonse Karr*; 2 vol. in-8. Paris, 1833.

Héva, par *Méry*; 1 vol. in-8. Paris, 1843.

Histoire de Manon l'Escaut et du chevalier des Grieux, par l'abbé *Prévost*, notice historique sur l'auteur, par *Jules Janin*, édition illustrée, par *Tonny Johannot*; 1 vol. in-8. Paris.

Iles (les) de Glace, par *G. de la Laudelle*; 4 vol. in-8. Paris, 1851.

Intitutrice (l'), par *Eugène Sue*; 4 vol. in-8. Paris, 1851.

Jean le trouveur, par *Paul de Musset*; 3 vol. in-8. Paris.

Madame des Rieux, par Mme *Charles Reybaud*; 1 vol. in-8. Paris, 1841.

Magasin (le nouveau) des enfants, histoire du vérible Gribouille, par *Georges Sand*; 1 vol. in-8. Paris, 1841.

Maison (la) Dombey père et fils, par *Charles Dickens*, traduction de *Benjamin Laroche*; 1er vol. in-8. Paris.

Médécin (le) du Pecq, par *Léon Gozlan*, 3 vol. in-8. Paris, 1839.

Mémoire d'un médécin, par *Alexandre Dumas*; 2 vol. in-8. Paris, 1847.

Mémoires (les) d'un enfant d'ouvrier. Simples fragments; 1 vol. in-12. Paris, 1850.

Mémoires d'un vieux paysan, publiés par *A. Devoille*; 1 vol. in-12. Besançon, 1851.

Monde (le) comme il est, par le marquis *de Custine*; 2 vol. in-8. Paris, 1853.

Mystères (les) du peuple, ou histoire d'une famille de prolétaires à travers les âges, par *Eugène Sue*, splendide édition illustrée; 6 vol. in-8. Paris.

Nélida, par *Daniel Stern*; 1 vol. in-8. Paris, 1846.

Olivier Twist, ou l'orphelin du dépôt de mendicité, par *Charles Dickens*, traduit de l'anglais par *Ludovic Bernard*; 4 vol. in-12. Paris, 1841.

OEuvres humoristiques. — Les jeunes france. — Une larme du diable; 1 vol. in-12. Paris, 1851.

Pays (le) latin, par *Henri Murger*; 1 vol. in-12. Paris, 1852.

Petite (la) Fadette, par *Georges Sand*, nouvelle édition; 1 vol. in-12. Paris, 1850.

Petite (la) reine, par Mme *Charles Reybaud*; 1 vol. in-8. Paris, 1841.

Pignerol. — Histoire du temps de Louis XIV 1680, par *P. L. Jacob*, bibliophile, 2 vol. in-8. Paris, 1836.

Poule (la) aux œufs d'or, par *Jules Lacroix*; 2 vol. in-8. Paris, 1844.

Raoul Desloges, ou un homme fort en thême, par *Alphonse Karr*; 2 vol. in-8. Paris, 1851.

Sans dot, par Mme *Charles Reybaud*, (*Hortense Arnaud*); 2 vol. in-8. Paris, 1846.

Scènes de la vie de Bohême, par *Henri Murger*, deuxième édition; 1 vol. petit in-12. Paris, 1851.

Scènes de la vie de jeunesse, par *Henri Murger*, deuxième édition, 1 vol. petit in-12. Paris, 1851.

Scènes de la vie orientale, par *Gérard de Nerval*; 2 vol. in-8. Paris, 1851.

Scènes de la vie privée. — 2me série, La femme de 30 ans, par M. *de Balzac*; 1 vol. in-12. Paris, 1840.

Scènes de la vie de province. — 2me série, L'illustre Gaudissart, par M. *de Balzac*; 1 vol. in-12. Paris, 1845.

Scènes de la vie Russe. — 1er et 2me vol. La femme noire, par *Gretsch*, conseillier d'état. — 3me vol. Deux nouvelles, la dame de Pique et le Yataghan, par le général *V*. — 4me vol. Ammalat-Bey, histoire caucasienne, par *Ponschkine* et *Pawlof*; 4 vol. in-8. Paris.

Sceptre (le) de roseaux, par *Emile Souvestre* ; 3 vol. in-8. Paris.

Soir et matin, ou la vie humaine, par *Edouard Litton Bulwer*, traduit de l'anglais par Mme *Sobry* ; 2 vol. in-8. Paris, 1851.

Tailleur (le) de pierre de St-Point, récits villageois, par *A. de Lamartine* ; 1 vol. in-8. Paris, 1851.

Thérèse, par *l'auteur des réalités de la vie domestique* ; 1 vol. in-12. Genève, 1852.

Torréador (le), par *G. de la Landelle* ; 2 vol. in-8. Paris, 1851.

Val de Peyras, par *H. Arnaud* ; (Mme *Charles Reybaud*) ; 2 vol. in-8. Paris, 1839.

Valise (la) noire, par *Emile Souvestre* ; 2 vol. in-8. Paris, 1844.

Vénus (la) d'Ille, par *Prosper Merimée* ; Paris, 1841.

Veuve (la) de la grande armée, roman historique, par *Emile Marco* de St-Hilaire ; 2 vol. in-8. Paris, 1842.

Villa (la) Palmieri, par *Alexandre Dumas* ; 2 vol. in-8. Paris, 1843.

Voile (le) noir, par *Jules Lacroix* ; 2 vol. in-8. Paris, 1845.

Zanoni, par *E. L. Bulwer*, traduit de l'anglais, par Mme *Sobry* ; 2 vol. in-8. Paris, 1842.

Caprices et zigzags, par *Téophile Gautier*; 1 vol. in-12. Paris, 1852.

OEuvres de Lucien, traduit du grec par *Belin de Ballu*; 6 vol. in-12. Paris, 1788.

OEuvres de Chamfort, précédées d'une étude sur sa vie et son esprit, par *Chamfort*, étude par *Arsène Houssaye* et apprécié par *Rœderer*; 1 vol. in-12. Paris, 1852.

Le spectateur, ou le socrate mederne, où l'on voit un portrait naïf des mœurs de ce siècle, par *Richard Steele*, traduit de l'anglais; 8 vol. in-12. Amsterdam et Leipzieg, 1768.

Voyage à ma fenètre, par *Arsène Houssaye*; 1 vol. in-8. Paris.

Muses et fées, histoire des femmes mythologiques, par *Méry* et le comte *Fœlix*; 1 vol. in-8. Paris.

Voyage autour de mon jardin, par *Alphonse Karr*; 1 vol. in-4.

Épisodes littéraires en Orient, par M. *de Marcellus*; 2 vol. in-8. Paris, 1851.

La grande ville, nouveau tableau de Paris, comique, critique et philosophique, avec vignettes, par *Paul de Kock, Balzac*; 2 vol. in-8. Paris, 1844.

Malédiction (la) de Paris, par *Elie Berthet*; 1 vol. in-12. Paris, 1852.

Solitude, par *J. M. Dargaud*; 1 vol. in-8. Paris, 1833.

Philosophes et commédiennes, par *Arsène Houssaye*; 2 vol. in-8. Paris, 1845.

Livre des singularités, par *G. P. Philomneste* (pseudonyme), auteur des amusements philologiques; 1 vol. in-8. Dijon, 1841.

SCIENCE.

Histoire naturelle générale. *p.* 229.

Annales des sciences naturelles. Botanique et Zoologie, (mensuel) années 1851 à 1852, pour la Botanique, *Milne Edwards*, pour la Zoologie *Ad. Brougniard* et *J. Decaisne*; in-8. Paris.

Tableau de la nature, édition nouvelle avec changements et additions importantes et accompagnée de cartes, par *A. de Humboldt*, traduit par *Ch. Galusky*; 1er et 2me vol. in-8. Paris, 1851.

Cosmos, par *Alexandre de Humboldt*; (suite) 3me vol. in-8. Paris.

Géologie. *p.* 232.

Cosmogonie et géologie moderne comparés a la genese, par *Dalmas*, 1852.

Zoologie. *p.* 238.

Histoire des animaux, par *Aristote*, texte et traduction française et notes, par *Camus*; 2 vol. in-4. Paris, 1783.

Mémoires sur la classification des Crustacés de la tribu des Salicoques, par *Polydore Roux*; in-8.

Crustacées de la Méditerranée et de son littoral, texte et lithographie, par *Polydore Roux*; 1 vol. in-4. Paris, 1828.

Index textarum conchyliorumque quæ adservautur in museo nicolaï gualtieri philosophi et medici; 1 vol. in-folio. Florentiæ, 1652.

Traité de Taxidermie ou l'art de conserver et d'empailler les animaux, par *Dupont* aîné; 1 vol. in-8.
Paris, 1827.

Art (l') d'empailler les oiseaux, par M. *J. P. Mouton
Fontenille*; 1 vol. in-8. Lyon, 1811.

SCIENCE HUMAINE. *p.* 241.

Langage. *p.* 241.

DICTIONNAIRES. *p.* 244.

Dictionnaire de la langue française, Glossaire rai-
sonné de la langue écrite et parlée, par *P. Poitevin*;
1 vol. in-8. Paris, 1851.

Dictionnaire étymologique, critique, historique,
anecdotique et littéraire, pour servir à l'histoire
de la langue française, par *Fr. Noël* et M. *L. J.
Carpentier*; 2 vol. in-8. Paris, 1839.

Vocabulaire des latimismes de la langue française,
ou des locutions françaises empruntées littérale-
ment de la langue latine, par *J. Planche*; 1 vol.
in-8. Paris, 1838.

Manuel de style, ou préceptes et exercices sur l'art
de composer et d'écrire en français. (Préceptes et
exercices à l'usage des maîtres), par *E. Sommer*;
1 vol. in-12. Paris, 1850.

Manuel de style, ou préceptes et exercices sur l'art
de composer et d'écrire en français. (Préceptes et
exercices à l'usage des élèves), par *E. Sommer*;
1 vol. in-12. Paris, 1850.

Corneille et son temps, étude littéraire, par M.
Guizot, nouvelle édition; in-8. Paris, 1852.

Matinées littéraires, cours complet de littérature
moderne, par *Edouard Mennechet*; 4 vol. in-12.
Paris, 1848.

Écrivains et Poètes de l'Allemagne, par *Henri Blaze*; 1 vol. in-12.

Etudes sur la littérature française au XIXe siècle, par *A. Vinet*; 3 vol. in-8. Paris, 1849, 1851.

Dante (le) Michel Ange, Machiavel, par M. *Calemard de Lafayette*. 1852.

Mathématiques.   *p.* 253.

Dictionnaire des sciences mathématiques pures et appliquées par *A. S. de Montferrier*, deuxième édition; 3 vol. in-4. Paris, 1845.

Philosophie.   *p.* 255.

HISTOIRE.   *p.* 255.

Histoire critique de l'école d'Alexandrie, ouvrage couronné par l'institut des sciences morales, par *Vacherot*; 3 vol. in-8. Paris, 1851.

TRAITÉS GÉNÉRAUX. — OEUVRES DIVERS.   *p.* 255.

Traité des facultés de l'âme, contenant l'histoire des principales théories psychologiques, par *Adolphe Garnier*, professeur de philosophie; 3 vol. in-8. Paris, 1852.

Esprit (l') des bêtes, vénerie française et zoologie passionelle, par *A. Toussenel*, auteur des Juifs, roi de l'époque; 1 vol. in-8. Paris, 1848.

Philosophie (de la) positive, par *E. Littré*, de l'institut; 1 vol. in-8. Paris, 1845.

Application de la philosophie positive, au gouvernement des sociétés et en particulier à la crise actuelle, par *Littré*, de l'institut; 1 vol. in-8. Paris, 1850.

Art d'arriver au vrai, philosophie pratique, par *Jacques Bulmès*, traduit de l'espagnol par *Manec, Edouard*, avec une préface de M. *Blanche Ruffin*; 1 vol. in-12. Paris, 1850.

Le monde occulte, ou mystère du magnétisme (animal), dévoilé par le somnambulisme, par *Henri Delaage*, précédé d'une introduction sur le magnétisme (animal), par le père *Lacordaire*; 1 vol. in-12.

Métaphysique.   *p.* 258.

Histoire des causes premières, par *Batteux*. De la nature de l'univers, par *Ocellus Lucanus*, traduit par *Batteux* et texte. De l'âme du monde, par *Timée de Locres*, traduit par *Batteux*, et texte. Lettre d'Aristote à Alexandre, sur le système du monde, traduit par *Batteux*; 2 vol. in-8. Paris, 1788.

Arts et Métiers.   *p.* 265.

GÉNÉRALITÉS.   *p.* 265.

Guide pour le choix d'un état, ou dictionnaire des professions, indiquant les conditions de temps et d'argent pour parvenir dans chaque profession etc. rédigé sous la direction de M. *Ed. Chartou*, par une *société d'auteurs*, deuxième édition; 1 vol. in-8. Paris, 1851.

Expositions et histoire des principales découvertes

scientifiques mordernes, par *Louis Figuier;* 2 vol. in-12. Paris, 1851.

BEAUX-ARTS. *p.* 265.

Histoire des Peintres de toutes les écoles depuis la renaissance jusqu'à nos jours, accompagné du portrait des Peintres, de la reproduction de leurs plus beaux tableaux et du fac-simile de leurs signatures, marques et monogrammes, sous la direction de M. *Armengaud.*

Loi (de la) du contraste simultané, des couleurs et de ses applications, par *E. Chevreul,* membre de l'institut 1 vol. in-8. Paris, 1839.

Etudes sur les Beaux-Arts en général, des Beaux-Arts en France, par M. *Guizot,* description des tableaux d'histoire gravés dans le musée royal, publiés par *Henri Laurent;* 3 vol. in-8. Paris, 1849, 1852.

Les musées d'Allemagne et de Russie, guide et mémento de l'artiste et du voyageur, faisant suite aux musées d'Italie, d'Espagne, etc. par *Louis Viardot;* 1 vol. in-12. Paris, 1844.

Histoire de l'harmonie, au moyen-âge, par *E. de Cossemaken;* 1 vol. in-4. Paris, 1852.

ART DE LA CHASSE ET DE LA PÊCHE. *p.* 267.

Souvenir de chasse, par *Louis Viardot*, deuxième édition; 1 vol. in-12. Paris, 1849.

ART CULINAIRE. *p.* 267.

L'écuyer tranchant, ou l'art de découper et servir

à table, complément indispensable du cuisinier royal, ouvrage entièrement neuf, par *Bernard;* 1 vol. in-8. Paris, 1845,

INDUSTRIES ET MANUFACTURES.   *p.* 271.

Album de l'exposition, ou le Palais de Cristal, journal illustré de l'exposition de 1851 et des progrès de l'industrie universelle, Mai, Juin, Juillet 1851, N° 1 à 23 inclusivement; 1 vol. in-4· Paris, 1851.

Agriculture.   *p.* 275.

TRAITÉS PARTICULIERS. — JOURNAUX.   *p.* 276.

Agriculture (annales d') françaises, (mensuel), années 1851, 1852, fondée par *Tessier,* rédigé par une *société d'Agriculture;* in-8. Paris.

Les arbres et les arbrisseaux d'Europe et leurs insectes, par *J. Macquart;* 1 vol. in-8. Lille, 1852.

Monographie des greffes, par *Thouin,* avec une notice biographique sur Thouin, par *Rousselon;* 1 vol. in-18. Paris.

Les chevaux du Sahara, par le général *Daumas;* 1 vol. in-8. Paris, 1851.

MÉDÉCINE.   *p.* 284.

De l'influence des voyages, sur l'homme et sur les maladies, ouvrage destiné aux gens du monde, par *Dancel,* docteur médecin; 1 vol. in-8. Paris, 1846.

Morale.   *p.* 289.

ÉCRITS DIVERS.   *p.* 291.

Comptes rendus des séances, de l'académie des

sciences morales et politiques, (mensuel) années 1851, 1852, rédigé par *Ch. Vergé;* in-8. Paris, 1852.

Morale sociale, ou devoirs de l'état et des citoyens, en ce qui concerne la propriété, la famille, l'éducation, la liberté, l'égalité, l'organisation du pouvoir, la sûreté intérieure et extérieure, par *Adolphe Garnier,* professeur de philosophie; 1 vol. in-8. Paris, 1850.

Méditations et études morales, par M. *Guizot;* 1 vol. in-8. Paris, 1852.

Paraclet, (le), par *Alexis Wilhem;* 1 vol. in-8. Paris, 1851.

Pensées d'un emballeur, pour faire suite aux maximes de la Rochefoucauld, par *Commerson,* deuxième édition; 1 vol. in-8. Paris.

PEINTURE DE MOEURS. *p.* 295.

Petites misères de la vie conjugale, par *H. de Balzac,* illustré par *Bertall;* 1 vol. in-8. Paris.

Morale publique. *p.* 297.

PÉNALITÉ. — CORRECTION. *p.* 298.

Prisonniers, de l'emprisonnement et des prisons, par M. *G. Ferrus;* 1 vol. in-12. 1850.

ÉDUCATION. *p.* 299.

Lettres de famille sur l'éducation, par Mme *Guizot;* 2 vol. in-12. Paris, 1852.

Education progressive, ou étude du cours de la vie, par Mme *Necker de Saussure*, précédée d'une notice sur les écrits et la vie de l'auteur. Paris, 1844.

Education familière, ou séries de lecture graduées pour les enfants de 10 à 12 ans, tirées de divers ouvrages de *Miss Edgeworth*, traduites de l'anglais avec des changements et des additions considérables, par Mme *Louise Belloc*, Mlle *Adélaïde Montgolfier*, (Contes instructifs pour les enfants.) 12 vol. in-18. Paris.

Conduite des écoles chrétiennes, nouvelle édition revue corrigée et approuvée par le chapitre général de 1837, par *Messire de la Salle*, instituteur des frères des écoles chrétiennes; 1 vol. in-12. Paris, 1850.

Politique.   *p.* 301.

ÉCRITS PARTICULIERS.   *p.* 305.

Conseiller du peuple, journal (mensuel) politique et historique, par *A. de Lamartine*, 1 vol. in-8. Paris, 1851.

Lettres et opuscules inédits, par le comte *Joseph de Maistre*, notice biographique sur le comte J. de Maistre, par le comte *Rodolphe de Maistre* son fils; 2 vol. in-8. Paris, 1852.

Essais de Palingénésie sociale. Prolégomènes, tome 1er. Orphée, tome 2me, par M. *P. J. Ballanche;* 2 vol. in-12.

Essai sur les institutions sociales dans leurs rapports avec les idées nouvelles, par M. *P. J. Ballanche;* 1 vol. in-8. Paris, 1818.

Esquisses morales et politiques, par *Daniel Stern;* 1 vol. in-12. Paris, 1849.

Vision d'Hebal, chef d'un clan Ecossais, épisode tiré de ville des expiations, par *Ballanche;* 1 vol. in-8. Paris, 1831.

Spectre rouge de 1852, par M. *A. Romieux;* 1 vol. in-12. Paris, 1851.

Ere (l') des Césars, par *A. Romieux;* 1 vol. in-8. Paris, 1850.

Polémique. *p.* 310.

Roi (le) Louis-Philippe, liste civile, par le comte *de Montalivet;* 1 vol. in-8. Paris, 1851.

ÉCONOMIE SOCIALE OU POLITIQUE. *p.* 317.

Charges (des) de l'agriculture dans les divers pays de l'Europe, par *Maurice Block;* 1 vol. in-8. Paris, 1851.

Abolition de la misère par l'élévation des salaires, lettres à M. Thiers, rapporteur de la commission de l'assistance et de la prévoyance publique, par *Camille de Girardin,* représentant du peuple; 1 vol. in-8. Paris, 1850.

Système des contradictions économiques ou philosophie de la misère, par *P. J. Proudhon,* deuxième édition; 2 vol. in-12. Paris, 1851.

Harmonies aconiques, par *Bastiat;* 1 vol. in-8. Paris, 1850.

Socialisme (le) la famille et le crédit, par *A. de Moutry;* 1 vol. in-8. Paris, 1850.

Or *(de l'),* de son état dans la nature, de son exploitation, de sa métalurgie, de son usage et de son influence en économie politique, par M. *H. Laudrin,* ingénieur des mines; 1 vol. in-12. Paris, 1851.

Législature. p. 330.

Mécanisme des grands pouvoirs de l'état et des formes réglementaires de l'assemblée nationale, règles et lois suivies dans le vote des lois, par *Ph. Valette;* 1 vol. in-8. 1850.

Droit Français. p. 334.

TRAITÉS GÉNÉRAUX. p. 334.

Journal du palais, recueil (mensuel) de jurisprudence, années 1851, 1852. 4 vol. in-4. Paris.

SCIENCE DIVINE. p. 339.

Généralités. p. 339.

Génie (le) des religions, par *E. Quinet,* 1 vol. in-8. Paris, 1851.

TABLE ALPHABÉTIQUE

DES

NOMS D'AUTEURS

CONTENUS DANS CE SECOND SUPPLÉMENT DU CATALOGUE GÉNÉRAL,

ET SOMMAIRE DES OUVRAGES ANONYMES.

———◇⋙◇———

A
Pag.

B

C

E

G

H

FIN DE LA TABLE ALPHABÉTIQUE.